FINANCE D'ENTREPRISE

Illustration de couverture :
FOTOGRAM-STONE

ISBN 2-86911-747-7

Éditions ESKA - 12, rue du Quatre-Septembre - 75002 Paris
Tél : 01 42 86 55 73 - Fax : 01 42 60 45 35

FINANCE D'ENTREPRISE

Jean-Albert COLLOMB
Agrégé d'Économie et Gestion
Enseignant à l'Université de Savoie
Chargé de cours au Centre de Préparation
à l'Expertise Comptable de Grenoble
Membre des Jurys du DECF et du DESCF

Éditions ESKA

LA PRÉPARATION DES ÉTUDES ET EXAMENS COMPTABLES AUX ÉDITIONS ESKA

Quatre collections en comptabilité à la disposition des étudiants et de la formation continue

COLLECTION « COURS »*

Titres parus

Droit fiscal - Principes et applications - DECF n° 1, Christian Schoenauer et Joël Lopez
Économie d'entreprise : organisation, gestion, stratégie d'entreprise - DECF n° 3
Martine Reuzeau
Méthodes quantitatives : mathématiques, statistiques, probabilités - DPECF n° 3
Gérard Mirval et Marie-Paule Guyard
Gestion financière - Corrigé - DECF n° 4, Anne-Marie Keiser
Informatique pour la gestion et la comptabilité - DPECF n° 5
E. Bernard-Fanouillet, F. Boufares
Comptabilité analytique et de gestion - DECF n° 7, Anne-Marie Keiser
Comptabilité analytique : principes, techniques, évolutions - DECF n° 7
Gérard Melyon, Farouk Hemici et Valérie Fernandez
Contrôle budgétaire et de gestion - DECF n° 7, Anne-Marie Keiser

A paraître

Comptabilité d'entreprise, Gérard Melyon et Jean-Pierre Gorgeard
Organisation et gestion de l'entreprise - DPECF n° 2, Martine Reuzeau
Comptabilité approfondie - DECF n° 6, G. Melyon, G. Bohbot, J. Keiser

COLLECTION « SYNTHÈSES - APPLICATIONS - CORRIGÉS »*

Titres parus

Gestion financière - Épreuve DECF n° 4, J.-P. Raybaud
Comptabilité approfondie et révision comptable - Épreuve DECF n° 6, J.L. Siegwart

A paraître

Droit des sociétés - DECF n° 1, J. Brulhart
Relations juridiques - DECF n° 2, P. Mercati et N. Sablon
Contrôle de gestion - DECF n° 7, J.P. Raybaud

COLLECTION « EXERCICES ET CAS CORRIGÉS »*

Titres parus

Gestion financière - Corrigé - DECF n° 4, Anne-Marie Keiser
Comptabilité analytique - DECF épreuve n° 7, Abraham Lioui

A paraître

Comptabilité générale - DPECF n° 4, B. Ganidis, G. Melyon

COLLECTION « ANNALES D'EXPERTISE COMPTABLE »

Titres parus

Annales corrigées, commentées et actualisées - Épreuve DECF n° 1
Droit fiscal, C. Schoenauer
Annales corrigées, commentées et actualisées - Épreuve DECF n° 3
Organisation et gestion de l'entreprise, Martine Reuzeau
Annales corrigées, commentées et actualisées - Épreuve DECF n° 4
Gestion financière, A.M. Keiser
Annales corrigées, commentées et actualisées - Épreuve DPECF n° 4
Comptabilité, Gérard Mirval - Philippe Baruch
Annales corrigées, commentées et actualisées - Épreuve DECF n° 7
Contrôle de gestion, A.M. Keiser
Annales corrigées, commentées et actualisées - Épreuve DPECF n° 3
Méthodes quantitatives, E. Bernard-Fanouillet et C. Mirval
Annales corrigées, commentées et actualisées - Épreuve DECF n° 5
Mathématiques appliquées et informatique, E. Bernard-Fanouillet et M.-P. Guyard
Annales corrigées, commentées et actualisées - Épreuve DESCF n° 2
Economie et comptabilité, Anne-Marie Keiser

A paraître

Comptabilité approfondie - DECF n° 6, G. Bohbot, J. Keiser et G. Melyon

*** Séries d'ouvrages de gestion placées sous la direction de Gérard MELYON.**

SOMMAIRE

PREMIÈRE PARTIE

ANALYSE FINANCIÈRE ET DIAGNOSTIC FINANCIER

Le diagnostic financier comporte plusieurs phases successives :

- *1re phase* : **analyse** des informations économiques et financières disponibles ;
- *2e phase* : **appréciation** de la situation financière et des performances de l'entreprise ;
- *3e phase* : **recommandations** quant aux décisions éventuelles à prendre, compte tenu des objectifs affichés.

La démarche du diagnostic financier privilégie deux axes : la **rentabilité** et le **risque.** En effet, la situation d'une entreprise sera jugée satisfaisante, si la rentabilité offerte aux apporteurs de capitaux compense le risque qu'ils encourent (*couple rentabilité - risque*).

1

FORMATION DU RÉSULTAT

L'analyse de la formation du résultat constitue une étape fondamentale du diagnostic de la rentabilité (*cf. Thème 3*). Ce diagnostic passe par la construction d'un tableau de soldes intermédiaires de gestion (TSIG).

1. SOLDES INTERMÉDIAIRES DE GESTION DU PLAN COMPTABLE GÉNÉRAL (PCG 82)

Marge commerciale	= Ventes de marchandises - Coût d'achat des marchandises vendues
Production de l'exercice	= Production vendue + Production stockée + Production immobilisée
Valeur ajoutée	= Marge commerciale + Production de l'exercice – Consommations en provenance de tiers
Excédent brut d'exploitation (EBE)	= Valeur ajoutée + Subventions d'exploitation – Charges de personnel – Impôts, taxes et versements assimilés
Résultat d'exploitation	= EBE + Autres produits d'exploitation – Autres charges d'exploitation - DAP (dotations aux amortissements et aux provisions) d'exploitation + RAP (reprises sur amortissements et provisions) d'exploitation + Transferts de charges d'exploitation
Résultat courant avant impôts (RCAI)	= Résultat d'exploitation ± Quote-part de résultat sur opérations faites en commun + Produits financiers - Charges financières
Résultat exceptionnel *	= Produits exceptionnels - Charges exceptionnelles
Résultat net	= RCAI + Résultat exceptionnel - Participation des salariés - Impôts sur les bénéfices
** dont plus ou moins-value de cession*	*= Produits des cessions des éléments d'actifs – Valeurs comptables des éléments d'actifs cédés*

La **valeur ajoutée** exprime la création de richesse par l'entreprise. Ce surplus de richesse généré par l'entreprise est partagé entre les différentes parties prenantes : le personnel et les organismes sociaux, l'État et les collectivités territoriales, les prêteurs, les actionnaires ou associés, l'entreprise elle-même.

L'**EBE** est le flux net de trésorerie **potentiel** généré par les seules opérations d'exploitation *stricto sensu* (notion de **flux de fonds** à distinguer de celle de flux de trésorerie effectif en raison des décalages de paiement). C'est l'indicateur de performance économique le plus pur, car il est indépendant des décisions en matière d'amortissement et de financement, ainsi qu'en matière de politique fiscale et de distribution de dividendes.

• Dans une **optique d'amélioration** de ce TSIG normalisé, il est possible de faire apparaître certains soldes supplémentaires :

– **Marge brute** = Production de l'exercice - Consommations de matières (+ Marge commerciale si activité complémentaire de négoce) ;

– **Résultat économique** = Résultat d'exploitation + Produits financiers.

La *marge brute* représente la marge de base, c'est-à-dire celle dégagée par rapport aux seuls achats consommés de matières et (accessoirement) de marchandises.

Le *résultat économique* intègre la rémunération des actifs financiers qui font partie de l'actif économique.

• D'autre part, afin de **faciliter les comparaisons inter-entreprises**, il est souhaitable de retraiter les loyers de crédit-bail et le personnel extérieur :

– **Personnel extérieur** : à rattacher aux charges de personnel (en tant que partie intégrante du coût du facteur travail) ;

– **Crédit-bail** : décomposition de la redevance en dotations aux amortissements d'exploitation, d'une part, et en charges d'intérêts, d'autre part (*cf. exemple ci-dessous*). En effet, le crédit-bail est assimilé à une acquisition financée à 100 % sur emprunt (l'entreprise étant **économiquement** propriétaire du bien, dans la mesure où elle assume le risque lié à son exploitation).

Exemple d'un matériel informatique d'une valeur de 24 000 F HT ayant donné lieu à un contrat de crédit-bail sur quatre ans moyennant une redevance annuelle de 7 500 F HT. La valeur de rachat au terme est négligeable.

Décomposition de la redevance annuelle :

– *Dotations aux amortissements = 24 000 / 4 = 6 000 [on considère, dans ce cas, que la durée d'utilisation du bien coïncide avec celle du contrat de crédit-bail] ;*

– *Charges d'intérêts = 7 500 - 6 000 = 1 500 [supposées constantes, par simplification, malgré le « remboursement » progressif de l'emprunt théorique].*

2. LA CAPACITÉ D'AUTOFINANCEMENT (CAF)

Flux net de trésorerie potentiel dégagé par l'ensemble des opérations de gestion.

La CAF correspond à l'EBE étendu à toutes les opérations d'exploitation, financières et exceptionnelles (hors opérations en capital).

CAF = Produits encaissables (sauf produits des cessions) - Charges décaissables

Le calcul de la CAF peut se faire de deux manières :

– Approche explicative, à partir de l'EBE (*méthode descendante ou soustractive*) :

CAF = EBE + Autres produits encaissables (sauf compte 775 - PCEA) - Autres charges décaissables ;

– Approche vérificative, à partir du résultat net (*méthode ascendante ou additive*) :

CAF = Résultat net + DAP - RAP - PCEA (compte 775) + VCEAC (compte 675) - Quote-part des subventions d'investissement virée au résultat de l'exercice (compte 777).

• Il convient de préciser que les *transferts de charges* sont traités comme un produit « encaissable » : hors les cas de remboursement ou de réimputation de charges, ils neutralisent une charge qui s'analyse en fait comme un investissement immatériel (cas des transferts de charges d'exploitation en charges à répartir sur plusieurs exercices).

La CAF représente le flux de fonds propres interne à la disposition de l'entreprise pour s'autofinancer, avant prise en compte de la distribution de dividendes prélevés sur le résultat.

Autofinancement = CAF - dividendes prélevés

La marge brute d'autofinancement (MBA) est une notion voisine de celle de la CAF, bien que plus restrictive : elle n'intègre pas dans son calcul les dotations aux provisions (nettes des reprises) concernant l'actif et le passif circulant (→ provisions pour dépréciation et pour pertes de change, jugées particulièrement instables sur ces éléments du bilan).

3. LA DÉMARCHE DE LA CENTRALE DE BILANS DE LA BANQUE DE FRANCE (CDB)

Afin de **renforcer l'optique économique** (l'approche du PCG 82 étant plus **juridico-patrimoniale**), la Banque de France préconise - *outre les retraitements portant sur le crédit-bail et le personnel extérieur* - les aménagements suivants au niveau des SIG :

– les subventions d'exploitation sont considérées comme des compléments au chiffre d'affaires ;

– les impôts, taxes et versements assimilés représentent la rémunération de services extérieurs fournis par l'État ou les collectivités territoriales (utilisation des infrastructures) ;

– la participation des salariés est rattachée aux charges de personnel (coût du facteur travail).

Par suite :

– **Valeur ajoutée au coût des facteurs** (CDB) = Marge commerciale + Production de l'exercice + Subventions d'exploitation - Consommations en provenance de tiers (sauf redevances de crédit-bail et personnel extérieur) - Impôts, taxes et versements assimilés ;

– **EBE au coût des facteurs** (CDB) = Valeur ajoutée au coût des facteurs - Charges de personnel (personnel extérieur et participation inclus).

De la même façon, il est possible de calculer un résultat d'exploitation et un RCAI au coût des facteurs.

• La CDB développe également une variante à la démarche précédente, intégrant l'ensemble des données globales de l'activité (à l'exception des charges d'intérêts, de l'impôt sur les bénéfices et des opérations en capital) :

– ***Valeur ajoutée globale*** (VAG) = Valeur ajoutée au coûts des facteurs (CDB) + Autres produits encaissables (hors PCEA) - Autres charges décaissables (hors charges de personnel et charges d'intérêts au sens CDB, et hors impôt sur les bénéfices) ;

– **Excédent brut global** (EBG) = VAG - Charges de personnel (personnel extérieur et participation inclus).

La **VAG** représente la richesse totale produite par l'entreprise, et que se partagent le personnel (y compris le personnel extérieur et la participation) et les organismes sociaux, l'État (impôt sur les bénéfices), les prêteurs (charges d'intérêts), les actionnaires (dividendes) et l'entreprise elle-même (autofinancement).

L'**EBG** correspond à la CAF **avant prélèvements obligatoires** concernant la rémunération des prêteurs et l'imposition des bénéfices (tenir compte des retraitements crédit-bail) :

EBG = CAF retraitée + Charges d'intérêts CDB + Impôts sur les bénéfices

Application : (à partir du cas ALIZÉ épreuve 4 du DECF)

Produits et charges (hors taxes)	**Exercice N**
Produits d'exploitation :	
Production vendue	60 288 770
Montant net du chiffre d'affaires	60 288 770
Production stockée	(37 560)
Subventions d'exploitation	175 700
Production immobilisée	51 060
Reprises sur provisions (et amortissements), transferts de charges	85 340
Total I	60 563 310
Charges d'exploitation :	
Achats de matières premières et autres approvisionnements	26 632 240
Variation de stocks matières premières et autres approvisionnements	1 048 060
Autres achats et charges externes	12 734 010
Impôts, taxes et versements assimilés	1 263 860
Salaires et traitements	10 341 520
Charges sociales	4 125 660
Dotations aux amortissements et aux provisions	2 503 032
Autres charges	54 620
Total II	58 703 002
1. Résultat d'exploitation (I - II)	**1 860 308**
Produits financiers :	
Autres intérêts et produits assimilés	48 656
Reprises sur provisions et transferts de charges	5 926
Différences positives de change	6 276
Total III	60 858
Charges financières :	
Dotations aux amortissements et aux provisions	4 000
Intérêts et charges assimilées	1 058 007
Différences négatives de change	6 760
Total IV	1 068 767
2. Résultat financier (III - IV)	**(1 007 909)**
3. Résultat courant avant impôts (I - II + III - IV)	**852 399**
Produits exceptionnels :	
Sur opérations de gestion	25 060
Sur opérations en capital	135 000
Reprises sur provisions et transferts de charges	349 088
Total V	509 148

Charges exceptionnelles :	
Sur opérations de gestion	*3 028*
Sur opérations en capital	*96 000*
Dotations aux amortissements et aux provisions	*370 143*
Total VI	*469 171*
4. Résultat exceptionnel (V - VI)	***39 977***
Participation des salariés aux résultats de l'entreprise (VII)	*86 734*
Impôts sur les bénéfices (VIII)	*318 620*
Total des produits (I + III + V)	*61 133 316*
Total des charges (II + IV + VI + VII + VIII)	*60 646 294*
5. Bénéfice	***487 022***

Informations complémentaires concernant l'exercice N :

- *Transferts de charges : les produits financiers et exceptionnels ne comprennent pas de transferts de charges. Par contre, 70 000 F de transferts de charges d'exploitation ont été comptabilisés : 45 000 concernent des frais d'acquisition d'immobilisations et 25 000 sont relatifs à un avantage en nature octroyé à un salarié de l'entreprise (loyer de son logement acquitté par l'entreprise) ;*
- *Sous-traitance : La société a fait appel à la sous-traitance pour un montant de 3 981 000 ;*
- *Personnel intérimaire : Les charges de personnel intérimaire se sont élevées à 995 700 ;*
- *Crédit-bail mobilier : Un contrat de crédit-bail portant sur un matériel a été conclu début N - 1. Ses caractéristiques sont les suivantes :*
  - *valeur d'origine du matériel : 1 500 000 hors taxes,*
  - *valeur de rachat en fin de contrat : 120 000 hors taxes,*
  - *durée : 6 ans,*
  - *redevance annuelle, payable d'avance : 350 000 hors taxes.*

TRAVAIL À FAIRE *:*

1. *Calcul des soldes intermédiaires de gestion dans le cadre du PCG 82, d'une part, et au coût des facteurs, d'autre part ;*
2. *Détermination de la valeur ajoutée globale (VAG) et de sa répartition ;*
3. *Calcul de l'excédent brut global (EBG) à partir de l'EBE au coût des facteurs, puis à partir de la VAG, et enfin à partir de la CAF ;*
4. *Autres retraitements possibles hors Centrale de bilans de la Banque de France.*

RÉPONSES :

3.1. TSIG

Soldes intermédiaires de gestion	PCG 82	au coût des facteurs (CDB)
Valeur ajoutée	60 288 770 - 37 560 + 51 060 - 26 632 240 - 1 048 060 - 12 734 010 **= 19 887 960**	60 288 770 - 37 560 + 51 060 + 175 700 - 26 632 240 - 1 048 060 - 12 734 010 + 350 000 + 995 700 - 1 263 860 **= 20 145 500**
EBE	19 887 960 + 175 700 - 1 263 860 - 10 341 520 - 4 125 660 **= 4 332 620**	20 145 500 - 995 700 - 10 341 520 - 4 125 660 - 86 734 **= 4 595 886**
Résultat d'exploitation	4 332 620 + 85 340 - 2 503 032 - 54 620 **= 1 860 308**	4 595 886 + 85 340 - 2 503 032 - 230 000 - 54 620 **= 1 893 574**
RCAI	1 860 308 + 60 858 - 1 068 767 **= 852 399**	1 893 574 + 60 858 - 1 068 767 - 120 000 **= 765 665**

Retraitements CDB (optique économique) :

- ***Loyer crédit-bail** :*
  Dotation aux amortissements $= \frac{1\,5000\,000 - 120\,000}{6} = 230\,000.$

  Charge d'intérêts = 350 000 - 230 000 = 120 000.
- ***Charges de personnel intérimaire et participation des salariés au résultat** : reclassées en charges de personnel (coût du facteur travail) ;*
- ***Subventions d'exploitation** : intégrées à la production de l'exercice (complément au prix de vente) ;*
- ***Impôts, taxes et versements assimilés** : considérés comme des consommations intermédiaires (sorte de redevances pour utilisation des infrastructures mises à la disposition de l'entreprise par l'État et les collectivités territoriales).*

3.2. Détermination de la valeur ajoutée globale (VAG)

VAG = 20 145 500 + 70 000 - 54 620 + 48 656 + 6 276 - 6 760 + 25 060 - 3 028
= 20 231 084.

Répartition de la VAG :

Bénéficiaires (parties prenantes)	*Montant*	*% VAG*
1. Personnel & organismes sociaux (coût du travail)	*15 549 614*	*76,86*
2. Prêteurs (charges d'intérêts)	*1 178 007*	*5,82*
3. État (impôts sur les bénéfices)	*318 620*	*1,58*
4. Actionnaires & entreprise elle-même (dividendes et autofinancement)	*3 184 843*	*15,74*
TOTAL	*20 231 084*	*100,00*

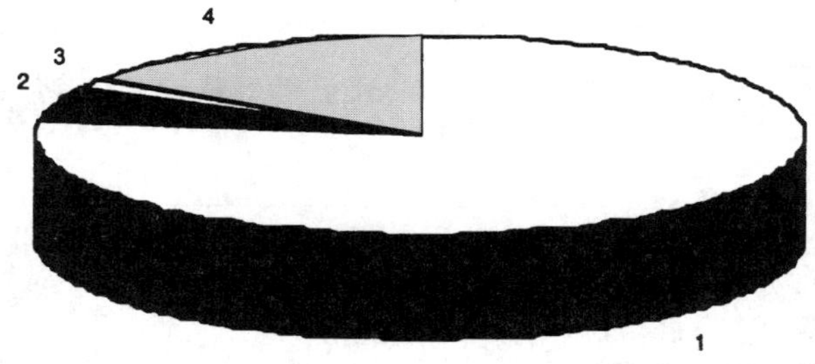

3.3. Détermination de l'excédent brut global (EBG)

À partir de l'EBE au coût des facteurs :

EBG = 4 595 886 + 70 000 - 54 620 + 48 656 + 6 276 - 6 760 + 25 060 - 3 028
= 4 681 470.

À partir de la VAG :

EBG = 20 231 084 - 10 341 520 - 4 125 660 - 995 700 - 86 734 **= 4 681 470.**

À partir de la capacité d'autofinancement (CAF) :

• Calcul de la CAF (PCG) : 4 332 620 + 70 000 - 54 620 + 48 656 + 6 276 - 1 058 007 - 6 760 + 25 060 - 3 028 - 86 734 - 318 620 = 2 954 843.

D'où : **CAF retraitée** = 2 954 843 + 230 000 = 3 184 843 **(correspond à la part de la VAG revenant aux actionnaires et à l'entreprise elle-même).**

Par suite : EBG = 3 184 843 + 1 058 007 + 120 000 + 318 620 **= 4 681 470.**

3.4. Autres retraitements possibles hors CDB

• ***Transferts de charges d'exploitation*** *: Ils n'interviennent qu'au niveau du résultat d'exploitation dans le TSIG, alors qu'ils annulent des charges prises en compte dans les soldes précédents (valeur ajoutée, EBE). Il est conseillé d'imputer ces transferts de charges aux charges concernées. Dans le cas d'espèce, et pour l'exercice N, il convient de retirer 70 000 F des consommations intermédiaires (impôts et taxes inclus) :*

– 45 000 F de frais d'acquisition d'immobilisations (honoraires, frais d'actes et droits de mutation) ;

– 25 000 F d'avantages en nature (loyers).

• ***Charges de sous-traitance*** *: il est possible (si l'on détient l'information) de ressortir des charges de sous-traitance le coût de la main-d'œuvre pour le reclasser en coût du facteur travail. Ce retraitement peut faciliter les comparaisons inter-entreprises, mais, par contre, il a pour conséquence de fausser la valeur ajoutée par l'entreprise.*

2 ÉTUDE DU BILAN

Le bilan présente une image du patrimoine à un instant donné. C'est un document de synthèse, regroupant à une date donnée l'ensemble des ressources d'une entreprise et l'ensemble des emplois qu'elle en a fait.

L'analyse du bilan est envisageable sous deux approches :

- **l'approche patrimoniale**, qui vise à déterminer la valeur réelle de l'entreprise afin de mesurer son degré de solvabilité (l'actif net représentant le gage ultime des créanciers), et à évaluer le risque d'illiquidité de celle-ci en comparant ses actifs et ses dettes à court terme (illiquidité pouvant conduire à un état de cessation de paiement) ;
- l'**approche fonctionnelle**, qui a pour but de faciliter la compréhension du fonctionnement de l'entreprise à travers une analyse fondée sur les cycles (investissement, financement, exploitation). Conçu comme un ensemble de stocks d'emplois et de ressources, le bilan fonctionnel vise à reconstituer l'origine des capitaux investis et leur utilisation, dans une optique de continuité de l'activité supposant le renouvellement normal des éléments du bilan.

Le bilan patrimonial sera abordé dans un premier temps ; ensuite, le bilan fonctionnel donnera lieu à des commentaires plus approfondis car il permet, à l'heure actuelle, des développements plus importants.

1. LE BILAN PATRIMONIAL

Appelé également « bilan financier » ou « bilan-liquidité », son objectif est donc de faire apparaître le patrimoine réel de l'entreprise, et de mesurer le degré de liquidité de celle-ci (capacité à faire face à ses échéances à court terme). Cette approche est logiquement privilégiée par les créanciers, en particulier les organismes financiers.

Dans cette optique, le reclassement des postes du bilan comptable s'effectue selon le critère de la **liquidité croissante** pour les postes de l'actif, et de l'**exi-**

gibilité croissante pour ceux du passif (utilisation de l'Annexe, en particulier de l'état des échéances des créances et des dettes à la clôture de l'exercice).

Exemple *: un emprunt à long terme verra la partie du capital à rembourser dans moins d'un an redescendue en dettes à moins d'un an.*

ACTIFS À PLUS D'UN AN (en valeurs nettes)	CAPITAUX PROPRES
ACTIFS À MOINS D'UN AN (en valeurs nettes)	DETTES À PLUS D'UN AN
	DETTES À MOINS D'UN AN

Il convient de prendre en compte la valeur réelle des actifs (valeur vénale ou à défaut valeur nette comptable) et des passifs, les plus ou moins-values issues des retraitements étant imputées sur les capitaux propres.

D'où, pour l'essentiel :

- élimination des actifs fictifs (non-valeurs) : il s'agit des charges activées que sont les frais d'établissement, les frais de R&D, les charges à répartir sur plusieurs exercices, les primes de remboursement des obligations ;
- déduction de l'impôt latent contenu dans les subventions d'investissement et les provisions réglementées, et reclassement en dettes à plus ou à moins d'un an ;
- reclassement en dettes à moins d'un an de la partie du résultat de l'exercice qui sera distribuée (→ bilan après répartition) ;
- reclassement des provisions pour risques et charges en dettes à plus d'un an ou en dettes à moins d'un an, selon la date probable de réalisation du risque ou de la charge (les éventuelles provisions sans objet étant assimilées à des capitaux propres).

Les méthodes comptables d'évaluation (application, notamment, du **principe de prudence**) font que ce bilan présente souvent une image biaisée par rapport à la valeur de marché de l'entreprise. En effet, cette approche étant privilégiée par les bailleurs de fonds, ceux-ci ont une vision plutôt restrictive de la valeur de l'entreprise analysée ; d'où leur tendance à ne retenir que les seules moins-values, et à ignorer les plus-values latentes (optique d'arrêt d'activité).

En ce qui concerne les engagements hors bilan, il conviendra de réintégrer à l'actif et au passif les effets escomptés et non échus (→ le risque d'impayé subsiste jusqu'à l'échéance des effets) ; par contre, dans l'approche patrimoniale, les engagements de crédit-bail ne seront pas (en principe) pris en compte au bilan puisque l'entreprise n'est pas **juridiquement** propriétaire des biens.

Notion de fonds de roulement financier (FRF) :

FRF = Capitaux permanents (capitaux propres + dettes à plus d'un an) - Actifs à plus d'un an (valeurs nettes)

ou (vérification par le bas du bilan) :

FRF = Actifs à moins d'un an (valeurs nettes) - Dettes à moins d'un an

Issu de la comparaison de « blocs » homogènes au regard de la liquidité et de l'exigibilité, le FRF constitue une **approche pertinente** en termes de marge de sécurité (→ notion d'équilibre financier minimum).

2. LE BILAN FONCTIONNEL

Il s'agit d'un bilan avant répartition correspondant à un regroupement des postes par grandes fonctions (investissement, financement, exploitation au sens large), en se plaçant dans une optique de continuité de l'exploitation.

2.1. Présentation du bilan fonctionnel par grandes masses

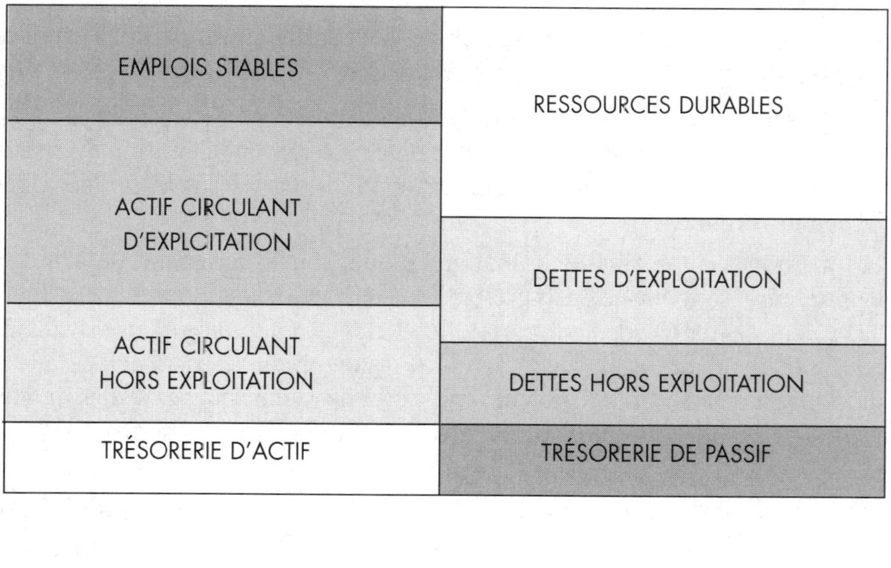

2.2. Contenu des différents regroupements

- **Emplois stables** (ES) : actif brut immobilisé + charges à répartir ;
- **Actif circulant d'exploitation** (ACE) : valeurs brutes des postes de l'actif directement liés au cycle d'exploitation ;
- **Actif circulant hors exploitation** (ACHE) : valeurs brutes des créances acycliques instables (créances diverses, intérêts courus, valeurs mobilières de placement) ;
- **Trésorerie d'actif** (TA) : liquidités et quasi-liquidités (placements de trésorerie) ;
- **Ressources durables** (RD) : capitaux propres, provisions pour risques et charges, amortissements et provisions de l'actif, dettes financières (nettes des primes de remboursement des obligations) à l'exclusion des intérêts courus, des concours bancaires courants (CBC) et des soldes créditeurs de banques (SCB) ;
- **Dettes d'exploitation** (DE) : postes du passif directement liés au cycle d'exploitation ;
- **Dettes hors exploitation** (DHE) : dettes acycliques du passif circulant (dettes diverses, intérêts courus, Etat impôt sur les bénéfices) ;
- **Trésorerie de passif** (TP) : CBC et SCB.

N.B. : Les charges et les produits constatés d'avance sont à rattacher selon leur nature en exploitation ou en hors exploitation. Les écarts de conversion actif ou passif doivent être contrepassés, les créances et les dettes concernées étant ainsi ramenées à leur valeur initiale.

2.3. Retraitements préconisés par l'Ordre des Experts Comptables (OEC)

- **Effets escomptés non échus** (EENE) : s'agissant d'un crédit à court terme, il convient de les réintégrer à l'actif dans les créances d'exploitation, et de les inclure symétriquement dans la trésorerie de passif ;
- **Engagements de crédit-bail** (CB) : le retraitement consiste à simuler l'acquisition des biens concernés, avec un financement à 100 % par emprunt. La valeur d'origine d'un bien pris en crédit-bail est donc ajoutée à la valeur brute des immobilisations corporelles, et, symétriquement, les dettes financières sont augmentées du même montant.

Chaque année, la fraction de la redevance correspondant à l'amortissement est :
  - considérée comme un amortissement et portée en tant que tel au bilan ;
  - considérée comme un remboursement d'emprunt et déduite de l'emprunt fictif porté initialement au passif.

Exemple : Un contrat de crédit-bail portant sur un matériel industriel a été conclu au début de l'exercice N - 3. Valeur d'origine du matériel : 110 000 F HT, valeur résiduelle 10 000 F à la fin de l'exercice N (terme du contrat de CB). L'annuité HT de CB s'élève à 35 000 F.

– Incidences sur le bilan fonctionnel du retraitement de cet engagement de CB :

À l'acquisition :

Début N - 3

Matériel industriel	110 000	Emprunt	110 000

En cours de contrat :

Fin N - 3

Matériel industriel	110 000	Amortissements Emprunt	25 000 85 000

Amortissement annuel : (110 000 - 10 000) / 4 = 25 000

N.B. : si nécessaire, application du prorata temporis la 1re année.

En fin de contrat :

Fin N

Matériel industriel	110 000	Amortissements Emprunt	100 000 10 000

En cas de levée de l'option (rachat du matériel), le reliquat de dette financière est transféré en dette hors exploitation (fournisseur d'immobilisation).

La valeur de rachat est ensuite amortie par l'entreprise sur la durée de vie résiduelle du bien.

2.4. Fonds de roulement net global (FRNG), besoin en fonds de roulement (BFR) et trésorerie nette (TN)

Le **FRNG** (ou **FR** tout court) est la partie des ressources durables qui participe au financement de l'actif circulant :

FRNG = Ressources durables - Emplois stables

Le fonds de roulement (appellation courante du FRNG) constitue une garantie de liquidité de l'entreprise (marge de sécurité). Compte tenu de l'équilibre du bilan, il peut également se calculer par le bas du bilan fonctionnel :

FR = ACE + ACHE + TA - DE - DHE - TP

Le **BFR** (exploitation + hors exploitation) exprime les décalages dans le temps entre flux réels (exemple : achats - ventes) et flux monétaires (encaissements - décaissements) générés par les opérations du cycle d'exploitation ainsi que les opérations hors exploitation :

- les actifs circulants d'exploitation et hors exploitation constituent des emplois, donc des besoins de financement ;
- les dettes d'exploitation et hors exploitation constituent des ressources (temporaires) de financement.

BFR = ACE + ACHE - DE - DHE = (ACE - DE) + (ACHE - DHE) = BFRE + BFRHE

Le **BFRE** (besoin en fonds de roulement d'exploitation), ou besoin de financement du cycle d'exploitation, représente la composante la plus importante du BFR. Il est souvent directement lié à l'activité, donc au chiffre d'affaires.

Le **BFRHE** (besoin en fonds de roulement hors exploitation) revêt une importance moindre, et ne se prête guère aux prévisions.

- Si FR > BFR (le fonds de roulement finance en totalité le BFR), et il existe un excédent de ressources qui se retrouve en trésorerie ;
- si FR < BFR (le fonds de roulement ne finance qu'une partie du BFR), la différence devant alors être financée par des crédits à court terme.

La trésorerie nette (TN), différence entre trésorerie d'actif (TA) et trésorerie de passif (TP), est la résultante du FR et du BFR :

TN = TA - TP = FR - BFR

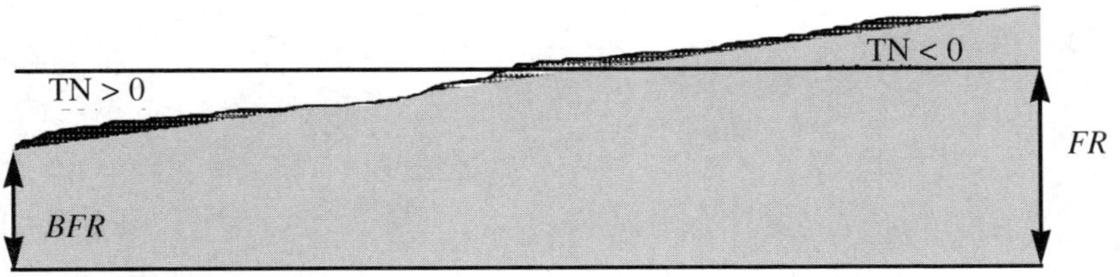

Bilan fonctionnel « pool de fonds »

La notion de fonds de roulement repose sur une lecture **horizontale** du bilan fonctionnel fondée sur le principe d'affectation des ressources durables au financement des emplois stables.

Une lecture **verticale** est cependant possible à partir d'une conception « pool de fonds » du bilan fonctionnel. Cette conception rejette *a priori* toute correspondance entre les stocks d'emplois et les stocks de ressources : l'ensemble des emplois a été financé par l'ensemble des ressources (d'où l'appellation « pool de fonds »), il n'y a pas d'affectation d'une ressource particulière à un emploi particulier.

Cette démarche est donc basée sur les principes d'*unité de caisse* et de *non-affectation des ressources aux emplois*.

Bilan fonctionnel « Pool de fonds »

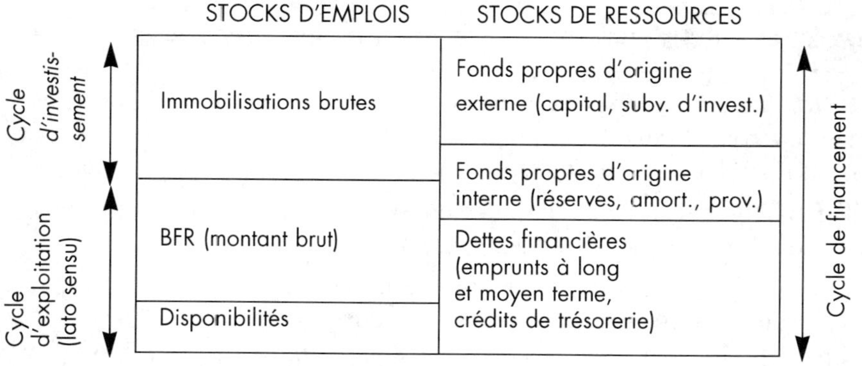

Le cycle de financement est considéré globalement : la distinction entre dettes financières à long et moyen termes et dettes financières à court terme n'est pas faite.

3. MISE EN APPLICATION DES DEUX APPROCHES

Les spécificités des deux démarches précédentes (patrimoniale et fonctionnelle) sont mises en évidence à partir d'un bilan (simplifié) d'entreprise.

Bilan de la société K'STORE à la clôture de l'exercice N (en milliers de francs)

ACTIF	Brut	Amort. & Prov.	Net	PASSIF	
Frais d'établissement	510	330	180	Capital et réserves	1 860
Immobilisations corporelles	4 822	2 038	2 784	Résultat (3)	362
Immobilisations (1) financières	675		675	Provisions réglementées (4)	420
Stocks	813	224	589	Provisions risques & ch. (5)	297
Créances d'exploitation	1 347	296	1 051	Dettes financières (6)	1 525
Créances diverses (2)	358		358	Dettes d'exploitation (7)	1 144
Disponibilités	74		74	Dettes diverses	223
Charges à répartir s/plusieurs exercices	120		120		
TOTAL	8 719	2 888	5 831	TOTAL	5 831

(1) dont 125 à moins d'un an ;
(2) dont 100 à plus d'un an ;
(3) dividendes prévus : 150 ;
(4) supporteront une imposition au taux de $33^{1/3}$ % [reprises sur provisions réglementées en N + 1 : 120] ;
(5) dont 52 à moins d'un an ;
(6) dont 115 de concours bancaires courants et 210 d'échéances à moins d'un an sur emprunts à long et moyen termes ;
(7) dont 174 à plus d'un an.

Engagements hors bilan de la société K'STORE

– Crédit-bail (CB) : matériel d'une valeur d'origine de 400 KF ayant donné lieu à un contrat de crédit-bail sur 5 ans à compter du milieu de l'exercice N-2. Valeur de la levée d'option au terme : un franc symbolique ;

– Effets escomptés non échus : 68 KF à fin N.

Bilan patrimonial à fin N (en milliers de francs)

Actifs à plus d'un an (1)	3 434	Capitaux propres (3)	2 052
		Dettes à plus d'un an (4)	1 719
Actifs à moins d'un an (2)	2 165	Dettes à moins d'un an (5)	1 828
TOTAL	5 599	TOTAL	5 599

(1) 2 784 + 675 - **125** + **100** ;

(2) **125** + 589 + 1 051 + 68 (*EENE*) + 358 - **100** + 74 ;

(3) 1 860 - 180 (*non-valeurs*) - 120 (*non-valeurs*) + 362 - **150** + 280 (i.e. 420 × 2/3) ;

(4) 297 - **52** + 1 525 - **115** - **210** + **174** + 140 (i.e. 420 x 1/3) - **40** (i.e. 120 × 1/3) ;

(5) 1 144 - **174** + 223 **+ 150 + 40 + 52 + 115 + 210** + 68 (*EENE*).

Le fonds de roulement financier (FRF) ressort à : 2 052 + 1 719 - 3 434 = 337 KF

Ce FRF représente près de 20 % (18,44 %) des dettes exigibles à moins d'un an, ce qui est considéré par les banques comme une marge de sécurité confortable en ce qui concerne la liquidité générale de l'entreprise.

Par ailleurs, l'actif net est égal à 2 052 KF (correspond aux capitaux propres du bilan patrimonial) et représente près de 40 % du passif (36,65 %), ce qui est un gage appréciable pour les créanciers de K'STORE.

• **Éléments du diagnostic patrimonial à la fin de l'exercice N** : la société K'STORE présente de bonnes garanties, tant du point de vue de sa **liquidité** (capacité de l'entreprise à honorer ses échéances à court terme) que du point de vue de sa **solvabilité** (capacité de l'entreprise à désintéresser ses créanciers).

Bilan fonctionnel à fin N (en milliers de francs)

Emplois stables (1)	6 527	Ressources durables (3)	7 637
Actif circulant d'exploitation (2)	2 228	Dettes d'exploitation	1 144
Actif circulant hors exploitation	358	Dettes hors exploitation	223
Trésorerie d'actif	74	Trésorerie de passif (4)	183
TOTAL	9 187	TOTAL	9 187

(1) 510 + 4 822 + 400 (*matériel CB*) + 675 + 120 ;

(2) 813 + 1 347 + 68 (*EENE*) ;

(3) 1 860 + 362 + 420 + 297 + 2 888 + 200 (*i.e. amortissements CB = 400 x 20 % x 2,5*) + 1 525 + 200 (*i.e. emprunt CB*) - 115 (*CBC*) ;

(4) 115 (*CBC*) + 68 (*EENE*).

D'où :

FRNG = 7 637 - 6 527 = 1 110 ;

BFR = BFRE + BFRHE = (2 228 - 1 144) + (358 - 223) = 1 084 + 135 = 1 219 ;

TN = 74 - 183 = - 109 (= FRNG - BFR).

• **Éléments du diagnostic fonctionnel à la fin de l'exercice N** : le fonds de roulement net global de la société K'STORE (excédent des ressources durables par rapport aux emplois stables) est quasiment absorbé par le besoin de financement du cycle d'exploitation (BFRE). Compte tenu d'un besoin additionnel de financement au niveau des postes hors exploitation (BFRHE), il en résulte un recours à des crédits à court terme (à hauteur de 183 KF) et une trésorerie nette négative.

Ce recours est cependant limité, dans la mesure où les banques financent moins de 15 % (14,15 %) de l'ensemble formé par le BFR et les emplois de trésorerie. La société doit toutefois rester vigilante sur l'évolution de certains postes pouvant peser sur le niveau de ce besoin en fonds de roulement (stocks, créances clients).

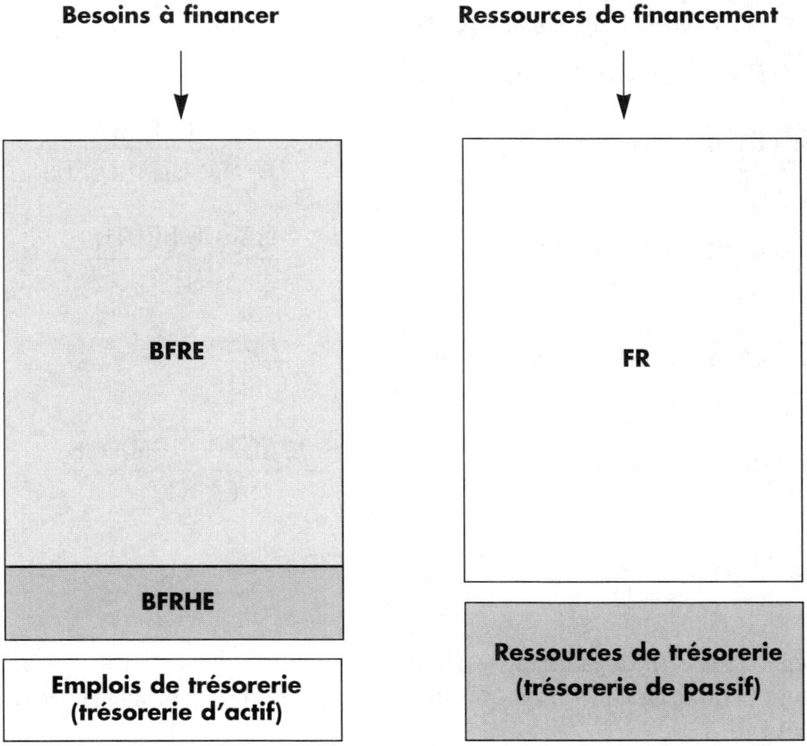

3 ANALYSE DE LA RENTABILITÉ

La rentabilité est essentielle pour assurer à terme la pérennité de l'entreprise. Une entreprise rentable est une entreprise qui crée de la valeur (enrichissement des actionnaires).

1. LA RENTABILITÉ COMMERCIALE OU PROFITABILITÉ

Cette rentabilité met en relation une marge ou un profit avec le niveau d'activité mesuré par le chiffre d'affaires HT (CA HT).

Il est ainsi possible de calculer divers ratios de profitabilité :

- taux de marge commerciale : $\dfrac{\text{MARGE COMMERCIALE}}{\text{VENTES HT DE MARCHANDISES}}$

- taux de marge brute (stricto sensu) : $\dfrac{\text{MARGE BRUTE}}{\text{CA HT}}$

- taux de marge brute d'exploitation : $\dfrac{\text{EBE}}{\text{CA HT}}$

- taux de marge économique : $\dfrac{\text{RÉSULTAT ÉCONOMIQUE}}{\text{CA HT}}$

- taux de marge nette : $\dfrac{\text{RÉSULTAT NET}}{\text{CA HT}}$

Indépendamment de la qualité de la gestion, le secteur d'activité et subsidiairement la taille de l'entreprise ont une influence non négligeable sur le niveau de ces ratios.

2. LA RENTABILITÉ ÉCONOMIQUE

Cette rentabilité mesure ce que rapportent les investissements au sens large du terme (notion d'*actif économique*).

Bilan contracté

Actif économique	Passif financier
Immobilisations nettes	Fonds propres
BFR (montant net)	Dettes financières à court, moyen et long termes (*génèrent des charges d'intérêts*)
Liquidités	

N.B. : Les provisions pour risques et charges viennent en déduction du BFR, lequel est calculé en prenant les valeurs nettes des postes de l'actif circulant.

A l'inverse des ressources « gratuites » que sont les dettes d'exploitation et hors exploitation, les fonds propres (K) et les dettes financières (D) sont des ressources exigeant **une rémunération**. Fonds propres et dettes financières constituent l'ensemble des capitaux investis dans l'actif économique : ils financent les actifs immobilisés, le BFR et les actifs liquides. Par conséquent :

Actif économique = K + D

Le résultat économique (résultat d'exploitation + produits financiers) est sécrété par l'actif économique. Pour la suite de l'analyse, nous utiliserons le bénéfice avant intérêts et impôts (BAII) qui est en fait le résultat courant avant charges d'intérêts et impôts sur les bénéfices.

La rentabilité économique (mesurée par le ratio BAII / Actif économique) est fondamentalement la combinaison d'une **marge** et d'une **rotation** :

$$\frac{\text{BAII}}{\text{ACTIF ÉCONOMIQUE}} = \frac{\text{BAII}}{\text{CA HT}} \times \frac{\text{CA HT}}{\text{ACTIF ÉCONOMIQUE}}$$

• Taux de rentabilité économique = taux de marge économique x taux de rotation de l'actif économique

Le taux de marge économique est un indicateur de profitabilité, tandis que le taux de rotation de l'actif économique est un indicateur de productivité (l'entreprise est d'autant plus productive que son niveau d'activité est important pour un montant de capitaux investis donné).

La rentabilité économique est indépendante de la structure de financement de l'entreprise (i.e. la répartition fonds propres / dettes financières n'intervient pas).

3. LA RENTABILITÉ FINANCIÈRE

Ce dernier niveau de rentabilité mesure l'enrichissement des propriétaires de l'entreprise. La rentabilité financière se calcule en rapportant le résultat net aux capitaux propres (taux de rentabilité des capitaux propres).

Pour les besoins de l'analyse, il est préférable d'éliminer l'incidence des opérations exceptionnelles (ainsi que de la participation des salariés), et donc de retenir comme résultat net le résultat courant après **impôt** (impôt **théorique** calculé en prenant pour assiette le RCAI).

- Soit t_e le taux de rentabilité économique : t_e = BAII / Actif économique ;
- Soit D le montant des dettes financières (à court, moyen et long termes) et i le taux d'intérêt moyen de ces dettes ;
- Soit K le montant des capitaux propres (fonds propres du bilan contracté) ;
- Soit T le taux d'imposition des bénéfices.

Le taux de rentabilité financière (t_f) est égal à : $(1 - T)\ [BAII - (D \times i)] / K$.

Or : $BAII = t_e\ (K + D)$ car l'actif économique = K + D.

D'où : $t_f = (1 - T)\ [t_e\ (K + D) - (D \times i)] / K$

$\mathbf{t_f = (1 - T)\ [t_e + (t_e - i)\ D/K]}$ → formule de l'**effet de levier de l'endettement**

avec t_e - i : différentiel (de taux) et D/K : levier financier ou bras de levier (→ ratio d'endettement).

- Si $\mathbf{t_e > i}$, l'effet de levier joue positivement → plus l'entreprise est endettée, plus la rentabilité financière est forte ;
- Si $\mathbf{t_e < i}$, l'effet de levier joue négativement (effet de massue) → plus l'entreprise est endettée, plus la rentabilité financière est faible.

Exemple : Une société anonyme dont les actifs se montent à 8 000 KF (milliers de francs) est financée à hauteur de 60 % sur fonds propres. Le RCAI de l'exercice est de 1 056 KF, avec des charges d'intérêts s'élevant à 384 KF. Le taux d'IS (impôt sur les sociétés) est de $33^{1/3}$ %.

- *Taux de rentabilité économique, t_e = BAII / Actif économique =*

$$\frac{1\,056 + 384}{8\,000} = 18\ \%.$$

• *Taux de rentabilité financière, t_f = Résultat courant net d'IS / Capitaux propres*

$$= 2/3 \times \frac{1\,056}{60\,\% \times 8\,000} = 2/3 \times \frac{1\,056}{4\,800} = 14^{2/3}\,\%.$$

• *Mise en évidence de l'effet de levier :*

Détermination du taux d'intérêt moyen de l'endettement

$$i = \frac{384}{40\,\% \times 8\,000} = \frac{384}{3\,200} = 12\,\%.$$

Par suite : $t_f = 2/3\,[18\,\% + (18\,\% - 12\,\%) \times \frac{3\,200}{4\,800}] = 14^{2/3}\,\%.$

Ici, l'effet de levier joue favorablement (différentiel positif). Si l'entreprise n'avait pas été endettée, sa rentabilité financière aurait été égale à sa rentabilité économique nette d'IS.

Soit : 18 % x 2/3 = 12 % → l'endettement a eu pour effet d'accroître la rentabilité des capitaux propres (+ $2^{2/3}$ points de rentabilité).

4 ANALYSE DU RISQUE

A la suite de l'analyse de la rentabilité, l'analyse du risque constitue le deuxième volet du diagnostic financier.

Performance et **sécurité financière** faisant par ailleurs l'objet de perpétuels arbitrages, dans le cadre de la recherche légitime du **meilleur compromis** rentabilité / risque.

1. LE RISQUE D'EXPLOITATION

On désigne par risque d'exploitation (ou risque économique), le risque d'une baisse d'activité, c'est-à-dire d'une chute du chiffre d'affaires.

Le risque d'exploitation peut être défini par l'élasticité du résultat d'exploitation (l'incidence des produits financiers étant le plus souvent négligée) par rapport au CA HT :

$$\text{Élasticité (e)} = \frac{\Delta \text{ RÉSULTAT D'EXPLOITATION / RÉSULTAT D'EXPLOITATION}}{\Delta \text{ CA HT / CA HT}}$$

Plus cette élasticité est élevée, plus grand est le risque : ceci exprime le fait qu'à une diminution du chiffre d'affaires correspond une diminution proportionnellement plus importante du résultat d'exploitation.

Dans une approche en termes de *direct costing* (méthode des coûts variables), on démontre que cette élasticité est égale :

– à l'inverse de l'indice de sécurité, soit $e = \frac{\text{CA HT}}{\text{CA HT - SRE}}$

avec SRE : seuil de rentabilité (ou point mort) d'exploitation, c'est-à-dire seuil de rentabilité déterminé avant prise en compte des frais financiers.

– au levier d'exploitation
(ou levier opérationnel), soit $e = \frac{\text{MSCV}}{\text{RÉSULTAT D'EXPLOITATION}}$

avec MSCV : marge sur coûts variables.

En définitive, le risque d'exploitation est d'autant plus grand que :
- le niveau d'activité est proche du seuil de rentabilité d'exploitation ;
- les charges fixes sont élevées.

2. ANALYSE DU FINANCEMENT ET DU RISQUE FINANCIER

2.1. Analyse des moyens de financement du haut du bilan

Cette analyse a pour objectif principal d'apprécier l'indépendance financière de l'entreprise à l'égard de ses prêteurs.

L'orthodoxie financière accorde une importance considérable à la proportion qui existe entre les capitaux propres (hors amortissements et provisions de l'actif) et les dettes financières (hors concours bancaires courants).

– Ratio d'autonomie financière : $\dfrac{\text{DETTES FINANCIÈRES LMT}}{\text{CAPITAUX PROPRES}}$

Ce ratio doit être < 1 (i.e. le montant des dettes financières à long et moyen termes ne doit pas excéder le montant des capitaux propres). Dans le cas contraire, c'est-à-dire dans le cas où les dettes financières seraient supérieures aux capitaux propres, les prêteurs supporteraient la majeure partie du risque, ce qui les inciterait à s'ingérer dans les affaires de l'entreprise, d'où perte d'autonomie pour celle-ci.

– Capacité de remboursement : $\dfrac{\text{DETTES FINANCIÈRES LMT}}{\text{CAF}}$

Exprime en années le délai théorique minimum de remboursement des dettes financières stables en utilisant exclusivement à cette fin la capacité d'autofinancement. Ce ratio ne doit pas normalement dépasser 3 (i.e. délai théorique de remboursement des dettes financières à long et moyen termes < 3 ans de CAF).

2.2. Analyse de l'endettement global

Endettement global = Dettes à l'égard des associés + Dettes financières LMT + Concours bancaires courants (y compris EENE)

• L'endettement global correspond donc à l'ensemble des dettes de l'entreprise générant des charges d'intérêts.

– Poids de la dette : $\dfrac{\text{CHARGES D'INTÉRÊTS}}{\text{EBE}}$

Ce ratio indique le pourcentage de l'EBE que l'entreprise doit consacrer à la rémunération des capitaux empruntés. Il s'agit d'un indicateur particulièrement prédictif des difficultés que peut rencontrer l'entreprise.

– Ratio CDB de la Banque de France : $\dfrac{\text{CBC}}{\text{ENDETTEMENT GLOBAL}}$

Traduit l'arbitrage réalisé par l'entreprise entre emprunts à long et moyen termes et crédits de trésorerie. Une forte proportion de concours bancaires courants dans l'endettement peut signifier une situation de vulnérabilité tenant à la précarité de principe de ce type de ressources et à son coût.

2.3. Le risque financier

Une baisse du niveau d'activité entraîne une chute du résultat net, donc une chute du taux de rentabilité des capitaux propres (rentabilité financière). Or, l'importance de cette chute dépend du **niveau d'endettement** de l'entreprise.

Le phénomène d'**amplification** de la chute de rentabilité des capitaux propres due à l'endettement est appelé risque financier.

• Mise en évidence du risque financier à l'aide de la formule de l'effet de levier :

Si, à la suite d'une baisse d'activité, t_e diminue de Δt_e, la diminution correspondante de t_f sera Δt_f telle que :

$\Delta\, t_f = (1 - T)\ [t_e + (t_e - i)\ D/K] - (1 - T)\ [t_e - \Delta t_e + (t_e - \Delta t_e - i)\ D/K]$.

D'où : $\Delta t_f = (1 - T) \times \Delta te \times (1 + \dfrac{D}{K})$ $\Rightarrow$ le risque supporté par les associés croît avec l'endettement de l'entreprise.

• Mise en évidence du risque financier par le passage du seuil de rentabilité d'exploitation (SRE) au seuil de rentabilité global (SRG) :

L'inclusion des frais financiers dans les charges fixes entraîne une augmentation sensible du point mort de l'entreprise endettée et de l'élasticité de son résultat courant par rapport à l'activité. En effet, la position par rapport au SRG (seuil de rentabilité **après** prise en compte des frais financiers) se dégrade, d'où une baisse de la marge de sécurité de l'entreprise.

Le risque financier, qui est la part de variabilité du taux de rendement des capitaux propres due à l'endettement, peut se mesurer par l'élasticité (ou coefficient de volatilité) du taux de rentabilité financière par rapport au taux de rentabilité économique.

Soit : $\dfrac{\Delta t_f / t_f}{\Delta t_e / t_e}$ = expression du risque financier.

Le recours à l'endettement accroît donc le **risque global** de l'entreprise, ce qui justifie l'exigence d'une rentabilité plus élevée des capitaux propres de la part des actionnaires. Ce risque global (**combinaison** du risque économique et du risque financier) peut se mesurer d'une manière équivalente par :

– l'élasticité par rapport au chiffre d'affaires du résultat courant (RCAI) :

$$\frac{\Delta \text{ RCAI / RCAI}}{\Delta \text{ CA HT / CA HT}}$$

– l'inverse de l'indice de sécurité par rapport au SRG : $\dfrac{\text{CA HT}}{\text{CA HT - SRG}}$

– le levier courant : $\dfrac{\text{MSCV}}{\text{RCAI}}$

On vérifie alors que :

Risque global =	Coefficient de volatilité exprimant le risque d'exploitation	x	Coefficient de volatilité exprimant le risque financier

Exemple : Un hôtel-restaurant dont l'actif total est égal à 12 000 KF est financé à hauteur de 40 % par des emprunts bancaires à long terme. Son taux de marge sur coûts variables est de 70 %, et ses charges fixes s'élèvent à 4 760 KF (dont 260 KF de frais financiers). Taux d'imposition des bénéfices : $33^{1/3}$ %. Son chiffre d'affaires HT actuel étant de 8 800 KF, évaluez son risque d'exploitation et son risque financier dans le cas d'une baisse d'activité de 20 %.

Extrait des comptes de résultat différentiels (en KF)

	Situation actuelle	**Simulation avec baisse d'activité de 20 %**
MSCV	6 160	4 928
Ch. fixes d'exploit.	- 4 500	- 4 500
Résultat d'exploitation	**1 660**	**428**
Frais financiers*	- 260	- 260
RCAI	**1 400**	**168**

(considérés comme des charges fixes hors exploitation)*

Calcul du SRE et du SRG :

– SRE = charges fixes d'exploitation / taux de MSCV = 4 500 / 0,70 ≅ 6 428,5 ;

– SRG = charges fixes totales / taux de MSCV = 4 760 / 0,70 = 6 800.

Risque d'exploitation $= \dfrac{CA\ HT}{CA\ HT - SRE} = \dfrac{8\,800}{8\,8000 - 6\,428{,}5} \cong \mathbf{3{,}71}$

ou, d'une manière équivalente (levier opérationnel) : $\dfrac{MSCV}{RE} = \dfrac{6\,160}{1\,660} \cong 3{,}71$

Vérification par l'élasticité : $\mathbf{e}_{RE/CA\ HT} = \dfrac{-1\,232 / 1\,660}{-0{,}2} \cong 3{,}71$

Risque global (exploitation et financier) $= \dfrac{CA\ HT}{CA\ HT - SRG} = \dfrac{8\,800}{8\,800 - 6\,800} = 4{,}4$

ou, d'une manière équivalente : $\dfrac{MSCV}{RCAI} = \dfrac{6\,160}{1400} = 4{,}4$

Vérification par l'élasticité : $\mathbf{e}_{RCAI/CA\ HT} = \dfrac{-1\,232 / 1\,400}{-0{,}2} = 4{,}4.$

- Mise en évidence des risques d'exploitation et financier :

	Rentabilité économique	Rentabilité financière
Actuelle	$t_e = \dfrac{1\,660}{12\,000} \cong 13{,}83\ \%$	$t_f = 2/3 \times \dfrac{1\,400}{7\,200} \cong 12{,}96\ \%$
Simulée	$t_e = \dfrac{428}{12\,000} \cong 3{,}57\ \%$	$t_f = 2/3 \times \dfrac{168}{7\,200} \cong 1{,}56\ \%$

Explication des variations (pour une meilleure compréhension, nous avons signé les variations) :

$$\Delta t_e / t_e = \frac{-10{,}26\ \%}{13{,}83\ \%} = -20\ \% \times 3{,}71 \cong -74{,}2\ \%.$$

$$\Delta t_f / t_f = \frac{-11{,}40\ \%}{12{,}96\ \%} = -20\ \% \times 4{,}4 \cong -88\ \%.$$

On vérifie par là même que : $\Delta t_f = (1 - T) \times \Delta t_e \times (1 + D/K) = 2/3 \times -10{,}26\ \% \times (1 + \frac{4800}{7200}) = -11{,}40\ \%.$

Risque financier $= \dfrac{\Delta t_f / t_f}{\Delta t_e / t_e} = \dfrac{-88\ \%}{-74{,}2\ \%} \cong 1{,}186.$

• *Le risque global est la* ***combinaison*** *du risque d'exploitation et du risque financier, soit :*

$3{,}71 \times 1{,}186 \cong 4{,}4$

1,186 → coefficient de volatilité du risque financier

3,71 → coefficient de volatilité du risque d'exploitation

Si l'hôtel-restaurant n'avait pas été endetté, nous aurions eu :

$\Delta t_f = 2/3 \times \Delta t_e = -\ 6{,}84\ \%$;

et, par suite : $\Delta t_f / t_f = -\ 6{,}84\ \% \ /\ (2/3 \times 13{,}83\ \%) = \dfrac{-\ 6{,}84\ \%}{9{,}22\ \%} \cong -\ 74{,}2\ \%$.

soit : $\Delta t_f / t_f = \Delta t_e / t_e$ *dans le cas d'un endettement nul (⇒ coefficient de volatilité mesurant le risque financier = 1, soit un risque financier nul).*

3. ANALYSE DE LA LIQUIDITÉ ET DU RISQUE DE FAILLITE

Il s'agit de comparer le degré de liquidité des actifs au degré d'exigibilité des passifs les finançant.

3.1. Règle de l'équilibre financier minimum

Les emplois stables doivent être financés par des ressources durables. En d'autres termes, le degré de liquidité d'un actif doit être au moins aussi fort que le degré d'exigibilité du passif servant à le financer.
Tout excédent des ressources durables sur les emplois stables - appelé fonds de roulement - constitue une **marge de sécurité** qui vient conforter cet équilibre.

Cependant, le fonds de roulement pris isolément n'est pas significatif ; il convient de le comparer avec le besoin en fonds de roulement pour juger de l'équilibre financier.

La Centrale de bilans de la Banque de France calcule le ratio suivant (**ratio de couverture des capitaux investis**) : $\dfrac{\text{RESSOURCES DURABLES}}{\text{CAPITAUX INVESTIS}}$

[avec capitaux investis = emplois stables + BFR]

Normalement, ce ratio doit être supérieur à 1 → les ressources durables financent intégralement les capitaux investis.

• En matière d'orthodoxie financière, un bon équilibre financier implique en effet qu'il y ait cohérence entre FR et BFR. Tout déséquilibre s'exprimant au niveau de la trésorerie, conformément à la relation fondamentale :

TN = FR - BFR

3.2. Notion de liquidité

Une entreprise est liquide lorsque les ressources dégagées par ses opérations courantes lui fournissent les liquidités suffisantes pour faire face à ses échéances à court terme.

• Le **risque de faillite** est donc le risque d'illiquidité (bas du bilan) pouvant conduire à un état de cessation de paiement (dépôt de bilan). Ce risque ne doit pas être confondu avec le risque financier, bien que les deux risques soient souvent liés : une situation d'endettement impliquant des paiements fixes qui accroissent le risque d'illiquidité.

On peut dire que la liquidité de l'entreprise est assurée si :

CAF - ΔBFR - Remboursement des dettes financières ≥ 0

Dans le cadre d'une approche par l'EBE et le BFRE (grandeurs dépendant exclusivement des opérations d'exploitation, lesquelles peuvent faire l'objet de prévisions), l'expression de la liquidité peut s'écrire de la manière suivante :

EBE - ΔBFRE - Charges d'intérêts - Rembours[t] des dettes financières - Impôt s/ bénéfices ≥ 0

Signalons la démarche originale de J. GUILLOU qui, dans son modèle FITREX (flux interne de trésorerie d'exploitation), considère que le remboursement des dettes financières n'est pas à retenir dans la mesure où celui-ci est assuré en fait par de nouveaux crédits (les entreprises ne sécrétant pas alors les liquidités nécessaires qui permettraient un remboursement effectif).

Il est cependant préférable d'intégrer le remboursement des dettes financières dans le diagnostic du risque de faillite car, contrairement à la thèse de GUILLOU, la plupart des études démontrent l'existence d'un remboursement effectif de la dette.

Donc, les facteurs qui déterminent les éléments de la liquidité sont :

– les opérations d'exploitation ;

– les politiques d'achat, de production et de vente ;

– la politique d'endettement ;

– le système fiscal.

N.B. : Il est possible d'y rajouter la politique de distribution de dividendes (exigence d'un certain niveau de rentabilité financière), bien que celle-ci ne soit pas obligatoire.

3.3. Ratios d'appréciation de la liquidité

Dans le cadre d'une approche patrimoniale, les ratios « classiques » de liquidité reposent sur la mise en correspondance des actifs réalisables rapidement et des dettes à court terme :

- ratio de **liquidité générale** : $\dfrac{\text{ACTIFS LIQUIDABLES À MOINS D'UN AN}}{\text{DETTES EXIGIBLES À MOINS D'UN AN}}$

Ce ratio permet d'apprécier le niveau du fonds de roulement financier et doit normalement être supérieur à 1 ($\rightarrow$ FRF > 0) ;

- ratio de **liquidité réduite** : $\dfrac{\text{ACTIFS LIQUIDABLES À MOINS D'UN AN - STOCKS}}{\text{DETTES EXIGIBLES À MOINS D'UN AN}}$

Il est fait exclusion des éléments les moins liquides de l'actif circulant ;

- ratio de **liquidité immédiate** : $\dfrac{\text{DISPONIBILITÉS \& QUASI - DISPONIBILITÉS}}{\text{DETTES EXIGIBLES À MOINS D'UN AN}}$

Mise en correspondance des éléments de l'actif les plus liquides (les quasi-disponibilités faisant référence aux placements de trésorerie) et des dettes à court terme.

En raison de la mesure très approximative des degrés de liquidité et d'exigibilité (critère unique de l'échéance à moins d'un an), seule une analyse de l'évolution de ces ratios sur une période suffisamment longue, ainsi qu'une comparaison avec des entreprises du même secteur, permettent d'effectuer un diagnostic pertinent.

D'autres ratios permettent d'affiner l'analyse de la liquidité :

$\dfrac{\Delta \text{ BFRE}}{\text{EBE}}$ $\rightarrow$ % d'EBE « immobilisé » dans la variation du BFRE. Sa diminution dans le temps traduisant une amélioration de la liquidité et inversement ;

$\dfrac{\Delta \text{ BFR}}{\text{CAF}}$ $\rightarrow$ ratio du même type que le précédent, mais intégrant l'ensemble des opérations de gestion courante ;

$\dfrac{\text{BFRE}}{\text{CAF HT}}$ $\rightarrow$ permet de vérifier dans le temps si l'entreprise maîtrise ou non son besoin de financement du cycle d'exploitation.

3.4. Notion de solvabilité

Il importe de distinguer la notion dite **technique** de la solvabilité de la notion **juridique**.

• Notion technique : dans ce sens, on entend par solvabilité l'aptitude de l'entreprise à assurer à tout instant le paiement de ses dettes exigibles ;

• Notion juridique : selon laquelle l'entreprise est solvable si l'ensemble de ses actifs permettent de rembourser l'ensemble de ses dettes (capacité de l'entreprise à faire face à ses engagements grâce à ses actifs).

La notion technique de solvabilité rejoint celle de liquidité, l'insolvabilité étant l'état de cessation de paiement. Cette notion diffère de la notion juridique dans la mesure où l'entreprise peut être juridiquement solvable (et par ailleurs rentable), et se trouver, à un moment donné, dans une situation d'insolvabilité technique.

Critère de solvabilité juridique :

Actif net comptable ou actif net corrigé* > 20 % du Passif

(Actif - Dettes, avec prise en compte des plus ou moins values latentes et des retraitements patrimoniaux si correction apportée) → 20 % est le plancher communément requis par les banques.*

5 ANALYSE DES FLUX

Les flux de fonds sont les flux de ressources et d'emplois générés par les opérations de l'entreprise. Un flux de fonds est un flux de trésorerie potentiel.

Les opérations à crédit donnent naissance à deux flux distincts :

– un flux de fonds à la date de l'opération,

– un flux de trésorerie à la date du paiement.

Dans le cas des opérations au comptant, flux de fonds et flux de trésorerie sont confondus.

En définitive, il convient de distinguer ces deux types de flux :

– **flux de fonds** : variation de stocks d'emplois ou de ressources ;

– **flux de trésorerie** : flux d'encaissement ou de décaissement.

1. LE TABLEAU DE FINANCEMENT PCG 82

Le bilan nous a permis d'étudier l'équilibre financier à un moment donné (analyse **statique**) ; le tableau de financement va nous permettre de revoir cet équilibre sous une forme plus **dynamique** en nous donnant des informations sur les flux de fonds qui déterminent l'évolution de l'entreprise : investissements réalisés, financements utilisés, dividendes distribués, évolution des encours clients.

Le tableau de financement est un **tableau des emplois et des ressources** (= tableau de flux de fonds) qui explique les variations du patrimoine de l'entreprise au cours de la période de référence. Cette période étant la durée de l'exercice, il s'agit en l'occurrence des variations entre deux bilans successifs (bilans de clôture **avant** répartition du résultat).

Le tableau de financement préconisé par le plan comptable est axé sur la *variation du FRNG* et il comporte *deux parties*.

1.1. Première partie du tableau de financement

EMPLOIS	Exercice N	RESSOURCES	Exercice N
• Distributions mises en paiement au cours de l'exercice • Acquisitions d'éléments de l'actif immobilisé : immobilisations incorporelles immobilisations corporelles immobilisations financières • Charges à répartir sur plusieurs exercices (a) • Réduct. des capitaux propres (réduct. capital) • Remboursement des dettes financières (b)		• Capacité d'autofinancement de l'exercice • Cessions ou réductions d'éléments de l'actif immobilisé : – Cessions d'immobilisations : - incorporelles - corporelles – Cessions ou réductions d'immobilisations financières • Augmentation des capitaux propres - Augmentation de capital ou apports - Augmentation des autres capitaux propres • Augmentation des dettes financières (b) (c)	
TOTAL DES EMPLOIS		TOTAL DES RESSOURCES	
Solde créditeur : variation du fonds de roulement net global (ressource nette)		Solde débiteur : variation du fonds de roulement net global (emploi net)	

(a) Montant brut transféré au cours de l'exercice.
(b) Sauf concours bancaires courants et soldes créditeurs de banques.
(c) Hors primes de remboursement des obligations.

Cette première partie fait apparaître :

– les ressources durables dont a disposé l'entreprise au cours de l'exercice, c'est-à-dire la variation de ces ressources (ΔRD) entre le début et la fin de l'exercice ;

– les emplois stables qui ont été réalisés au cours de ce même exercice, c'est-à-dire la variation de ces emplois (ΔES) entre le début et la fin de l'exercice.

$$\textbf{RD - ES = FRNG} \Rightarrow \Delta\textbf{RD} - \Delta\textbf{ES} = \Delta\textbf{FRNG}$$

La première partie du tableau de financement donne donc la variation du FRNG et son explication à partir des ressources durables et des emplois stables de l'exercice.

1.2. Précisions concernant certains postes du tableau de financement I

- **Cessions ou réductions d'éléments de l'actif immobilisé** : pour les cessions, il s'agit du prix de cession (compte 775) ; pour les réductions (prêts, dépôts et cautionnements, créances diverses immobilisées...), il s'agit du remboursement (cf. tableau des immobilisations de l'Annexe) ;
- **Augmentation des capitaux propres** : en ce qui concerne les augmentations de capital, seules les augmentations en numéraire et en nature sont à retenir pour le montant du capital appelé (y compris le capital appelé non versé) augmenté de la prime d'émission ;
- **Augmentation des dettes financières** : les nouveaux emprunts obligataires doivent être pris en compte à leur valeur d'émission (= ressource d'emprunt), donc hors primes (brutes) de remboursement des obligations ;
- **Distributions mises en paiement au cours de l'exercice** : il s'agit des dividendes distribués au cours de l'exercice et relatifs à l'exercice précédent ;
- **Acquisitions d'éléments de l'actif immobilisé** : les immobilisations en cours (compte 23) sont à intégrer lors de leur entrée dans l'entreprise, et ne doivent pas être comptées une deuxième fois quand, après achèvement, elles sont virées dans les comptes 20 ou 21. Il convient donc de neutraliser l'incidence des virements de poste à poste au niveau du tableau des immobilisations ;
- **Charges à répartir sur plusieurs exercices** : s'agissant du montant brut transféré au cours de l'exercice, il conviendra de ne pas opérer par différence entre deux bilans successifs en raison du mode d'amortissement direct (→ le bilan donne les valeurs nettes) ;
- **Réduction des capitaux propres** : seules les réductions de capitaux propres impliquant des sorties de fonds sont à prendre en considération ;
- **Remboursement des dettes financières** : il faut exclure tout ce qui ne correspond pas au remboursement des dettes financières à long et moyen termes, c'est-à-dire les concours bancaires courants et les intérêts courus non échus.

1.3. Deuxième partie du tableau de financement

Alors que la première partie du tableau de financement donne l'explication de la variation du FRNG par le haut du bilan, la deuxième partie donne cette explication par le bas du bilan. Elle constitue donc une analyse des variations des actifs et passifs d'exploitation, hors exploitation et de trésorerie.

Les différentes variations sont obtenues par comparaison des valeurs brutes des postes concernés dans les deux bilans successifs.

Tout poste de l'actif constitue un emploi qui doit donc être financé :
- si un tel poste augmente, cette augmentation crée un besoin de financement qui s'inscrit dans la colonne « Besoins » ;
- si un tel poste diminue, cette diminution libère une ressource de financement qui s'inscrit dans la colonne « Dégagement ».

Tout poste du passif constitue une ressource :
- si un tel poste augmente, cette augmentation représente une ressource supplémentaire qui s'inscrit dans la colonne « Dégagement » ;
- si un tel poste diminue, cette diminution constitue une réduction de ressources, équivalente à l'augmentation d'un besoin, venant s'inscrire dans la colonne « Besoins ».

Variation du fonds de roulement net global	Exercice N		
	Besoins 1	Dégagement 2	Solde 2 - 1
Variations « Exploitation » :			
Variations des actifs d'exploitation :			
Stocks et en-cours			
Avances et acomptes versés sur commandes d'exploitation			
Créances clients, comptes rattachés et autres créances d'exploit.			
Variations des dettes d'exploitation :			
Avances et acomptes reçus sur commandes en cours			
Dettes fournisseurs, comptes rattachés et autres dettes d'exploit.			
Totaux			
A - Variation nette « Exploitation » (1)			
Variations « Hors exploitation » :			
Variations des autres débiteurs (créances diverses) (2)			
Variations des autres créditeurs (dettes diverses)			
Totaux			
B - Variation nette « Hors exploitation » (1)			
TOTAL A + B : *Besoins de l'exercice en fonds de roulement* *ou* *Dégagement net de fonds de roulement dans l'exercice*			

Variations « Trésorerie » Variations des disponibilités Variations des concours bancaires courants			
Totaux			
C - Variation nette « Trésorerie » (1)			
Variation du fonds de roulement net global (TOTAL A + B + C) *Solde débiteur =* ***Emploi net*** *ou* *Solde créditeur =* ***Ressource nette***			

(1) Les montants sont assortis du signe + lorsque les dégagements l'emportent sur les besoins et du signe - dans le cas contraire.

(2) Y compris valeurs mobilières de placement.

BFRE = Actifs d'exploitation - Dettes d'exploitation

⇒ Δ BFRE = Δ Actifs d'exploitation - Δ Dettes d'exploitation

D'où : **Solde A (Variation nette « Exploitation ») = - Δ BFRE**

puisqu'on calcule le solde dans le sens Dégagement - Besoins.

De la même façon :

Solde B (Variation nette « Hors exploitation ») = - Δ BFRHE
Solde A + B = - Δ BFR
Solde C (Variation nette « Trésorerie ») = - ΔTN

De la relation fondamentale TN = FR - BFR, on déduit : BFR + TN = FR

⇒ Δ BFR + Δ TN = Δ FR, et par suite :

Solde A + B + C = - Δ BFR - Δ TN = - ΔFR

La première et la deuxième partie du tableau de financement donnent donc le même solde, mais de signe opposé : à une ressource nette dégagée dans le tableau I correspondra un emploi net dans le tableau II (→ressource employée), et inversement (→emploi financé).

1.3. Traitements particuliers

- **Intérêts courus** : doivent être éliminés des immobilisations financières et des dettes financières, et transférés dans les créances diverses et dans les dettes diverses (hors exploitation) ;
- **Écarts de conversion** : à éliminer en ramenant les postes concernés à leur valeur d'origine ;
- **Crédit-bail et effets escomptés non échus** : retraitement à effectuer pour les EENE, et conseillé pour le crédit-bail afin de faciliter les comparaisons inter-entreprises.

1.4. Commentaires du tableau de financement

Dans une approche globale, il y a lieu de confronter la variation du FRNG à la variation du BFR. En effet, l'augmentation du FRNG (traduisant une amélioration de la structure financière de l'entreprise) peut être inférieure à l'augmentation du BFR, situation qui se concrétise par une dégradation de la trésorerie susceptible, à terme, d'engendrer des difficultés.

D'une manière plus analytique, il est intéressant au niveau du tableau I de comparer l'augmentation des ressources propres (CAF + cessions + augmentation de capital) à l'augmentation des dettes financières. Dans cette optique d'évaluation de l'**autonomie financière** de l'entreprise, il est également intéressant de mesurer l'importance de la CAF par rapport à l'ensemble des ressources.

Outre le degré d'autonomie financière, le tableau I permet de suivre l'évolution de l'entreprise en termes de stratégie de recentrage, de politique de distribution, de stratégie de croissance (interne ou externe), de politique d'endettement / désendettement.

En ce qui concerne le tableau II, une analyse des composantes de la variation du BFRE est souvent très instructive pour souligner les **composantes problématiques** et mettre en œuvre des décisions correctives (rationalisation du processus de production, raccourcissement du crédit-client, renégociation avec les fournisseurs...).

2. LES FLUX DE TRÉSORERIE DANS L'ENTREPRISE

La plupart des opérations réalisées par l'entreprise avec son environnement se traduisent, immédiatement ou à terme, par des flux de trésorerie.

Sur un exercice, la différence **Encaissements - Décaissements** représente l'excédent (ou l'insuffisance) global de trésorerie dégagé au cours de cet exercice ; nous l'appellerons Δ TN*, car cet excédent (ou insuffisance) correspond à la variation de trésorerie nette entre le début et la fin de l'exercice.

[* Δ TN = Δ TA - Δ TP = Δ FR - Δ BFR]

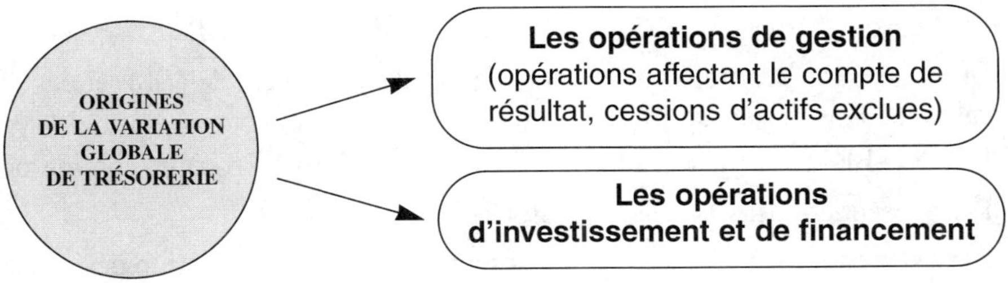

Excédent de trésorerie sur opérations de gestion

Dans l'ensemble des opérations de gestion, une place particulière est réservée aux opérations d'exploitation, c'est-à-dire aux opérations cycliques caractéristiques de l'activité de l'entreprise.

→ Notion d'excédent de trésorerie d'exploitation (ETE) : Trésorerie générée (ou consommée) au cours de l'exercice par les seules opérations d'exploitation *stricto sensu.*

ETE = Produits d'exploitation encaissés - Charges d'exploitation décaissées

Soit : ETE = Ventes HT + Production immobilisée + Subventions d'exploitation - Achats HT - Autres charges d'exploitation - Δ Créances d'exploitation + Δ Dettes d'exploitation

N.B. : – Les autres charges d'exploitation englobent les autres charges externes, les impôts, taxes et versements assimilés, ainsi que les charges de personnel ;

– Les variations de stocks (concept comptable permettant de déterminer le résultat de l'exercice) sont exclues car elles n'interviennent pas directement dans le calcul de la trésorerie dégagée au cours de l'exercice ;

– La production immobilisée est à prendre en compte car elle neutralise des charges qui sont en fait considérées comme des flux d'investissement.

⇒ **ETE = ESO - Δ En-cours commercial**

• avec ESO (Excédent sur opérations) = Ventes HT + Production immobilisée + Suventions d'exploitation - Achats HT - Autres charges d'exploitation

• et Δ En-cours commercial = Δ Créances d'exploitation - Δ Dettes d'exploitation

Cette relation met en évidence le rôle essentiel joué par les politiques d'achat, de production et de vente dans la détermination du niveau de trésorerie. *L'inadaptation* ou le *manque de synchronisation* de ces politiques sont à l'origine de la plupart des problèmes de trésorerie que peut rencontrer une entreprise.

L'existence de stocks pléthoriques n'étant alors que la conséquence logique de l'inadéquation de ces politiques aux besoins de l'entreprise.

→ Liaison entre ETE, EBE et ESO : **ETE = EBE - Δ BFRE**

Or, la variation des stocks intervient à la fois dans le calcul de l'EBE et dans le calcul de la variation du BFRE ; d'où :

ETE = (EBE - Δ Stocks) - (Δ BFRE - Δ Stocks) = ESO - Δ En-cours commercial

Par conséquent : **ESO = EBE - Δ Stocks**

L'excédent sur opérations (ESO) correspond à l'EBE hors variation des stocks.

→ *Effet de ciseaux* : En partant de la relation ETE = EBE - Δ BFRE, on dira qu'il y a effet de ciseaux si la croissance du chiffre d'affaires tend à réduire la trésorerie à partir d'un certain seuil, du fait d'une augmentation du BFRE (générée par le surcroît d'activité) supérieure à l'EBE dégagée.

→ *Notion d'excédent de trésorerie sur opérations de gestion (ETOG)* : L'ETOG est constitué de l'ETE augmenté (ou diminué) de l'excédent (ou insuffisance) de trésorerie dû aux autres opérations de gestion courante, aux opérations financières, ainsi qu'aux opérations exceptionnelles (hors opérations en capital).

ETOG = CAF - Δ BFR (hors postes relatifs aux opérations d'investissement et de financement*)

[* Dettes sur fournisseurs d'immobilisations (compte 404), Créances sur cessions d'immobilisations (compte 462), Actionnaires ou associés - capital appelé, non versé (compte 4562)].

Excédent (ou insuffisance) de trésorerie sur opérations d'investissement et de financement

Il s'agit de la variation de trésorerie relative aux opérations d'investissement et de financement enregistrée entre deux bilans successifs (Δ TIF). Les ressources durables et les emplois stables concernés sont issus de la première partie du tableau de financement PCG.

⇒ **ΔTIF = Ressources durables (sauf CAF) - Emplois stables**
± Variations affectant les comptes 404, 462 & 4562 *

[* Prise en compte des postes du BFR relatifs aux opérations d'investissement et de financement : Fournisseurs d'immobilisations fin N - Fournisseurs d'immobilisations fin N-1 + Créances sur cessions d'immobilisations fin N-1 - Créances sur cessions d'immobilisations fin N + Actionnaires (ou associés), capital appelé non versé fin N-1 - Actionnaires (ou associés), capital appelé non versé fin N].

Il est possible de décomposer cette variation en deux éléments :

♦ Excédent (ou insuffisance) de trésorerie sur opérations d'investissement,

♦ Excédent (ou insuffisance) de trésorerie sur opérations de financement.

En final, nous pouvons synthétiser ce qui vient d'être dit de la manière suivante :

Variation globale de trésorerie = Δ TN = ETOG + Δ TIF

3. LES TABLEAUX DE FLUX DE TRÉSORERIE

Les tableaux d'analyse des flux de trésorerie ont été proposés en France dès le milieu des années 70, mais leur utilisation ne s'est développée qu'à partir de la fin des années 80.

Ainsi, dans une recommandation du 5/10/88, l'Ordre des Experts Comptables préconise l'établissement d'un tableau analysant la variation de trésorerie pour les raisons suivantes :

– la trésorerie constitue un indicateur clé pour l'analyse et la gestion financière, tant à court terme (mesure de la solvabilité technique ou liquidité) qu'à long terme (mesure des besoins de financement) ;

– la trésorerie a un caractère plus objectif que le concept de FRNG, car sa mesure est moins entachée par l'incidence de conventions comptables (*Exemple : charges à répartir*) ;

– l'analyse en termes de décaissements et d'encaissements (regroupés par fonction) se prête à la présentation de données prévisionnelles et s'inscrit naturellement dans le cadre d'une démarche budgétaire ;

– l'évolution de la pratique internationale marque une nette préférence pour ce type d'approche (*cf. normes FASB « Financial Accounting Standard Board » et IASC « International Accounting Standards Committee »*).

Les divers tableaux de flux de trésorerie tentent, chacun à leur façon, de répondre aux deux questions suivantes :

- Comment l'entreprise dégage-t-elle de la trésorerie ?
- Qu'en fait-elle ?

Les réponses à ces questions sont obtenues grâce à un classement des flux en plusieurs rubriques permettant de calculer des soldes significatifs d'un point de vue économique et financier.

L'établissement de ces tableaux de flux sur plusieurs années successives est indispensable pour effectuer une étude dynamique pertinente.

Seront abordés successivement :

– le tableau pluriannuel des flux financiers (TPFF),

– le tableau de l'OEC (tableau de financement analysant la variation de trésorerie),

– le tableau des flux de la Centrale de bilans de la Banque de France.

Le tableau pluriannuel des flux financiers (TPFF)

	Exercice N
Valeur ajoutée (hors redevances de crédit-bail)	
+ Subventions d'exploitation	
- Impôts, taxes et versements assimilés.	
- Charges de personnel	
Excédent brut d'exploitation (EBE)	
- Variation des stocks	
Excédent sur opérations (ESO)	
- Variation de l'en-cours commercial	
Excédent de trésorerie d'exploitation (ETE)	
- Investissements d'exploitation (corporels)	
Disponible après financement interne de la croissance (DAFIC) = E : Solde d'exploitation	
+ Variation des dettes financières	
+ Variation des concours bancaires courants	
- Charges d'intérêts	
- Redevances de crédit-bail	
- Participation des salariés	
- Impôts sur les bénéfices	
F : Solde financier	
G : Solde courant ou solde de gestion = E + F	
- Dividendes distribués.	
- Investissements incorporels & charges à répartir	
- Investissements financiers	
+ Produits des cessions d'actifs	
+ Réductions d'immobilisations financières	
+ Augmentation des capitaux propres	
+ Transferts de charges.	
+ Autres produits de gestion courante	
- Autres charges de gestion courante	
+ Produits financiers (encaissables)	
- Autres charges financières (décaissables)	
+ Produits exceptionnels (encaissables)	
- Charges exceptionnelles (décaissables)............................	
- Variation du BFRHE (non affecté à l'investissement ou au financement)	
Variation des disponibilités	

Ce tableau est issu de la logique d'analyse économico-financière défendue par son concepteur - Geoffroy de MURARD - à partir du milieu des années 70. Il a subi un certain nombre de modifications au cours des années 80 visant, notamment, à *transformer certaines lignes du TPFF de flux de fonds en flux de trésorerie (exemple : les investissements correspondent aux décaissements et non plus aux acquisitions de l'exercice).*

• Le TPFF est plus particulièrement adapté aux PME qui n'ont pas accès au marché financier et dont les ressources se limitent essentiellement à l'autofinancement et aux crédits bancaires.

Le **solde d'exploitation,** ou **DAFIC**, mesure l'aptitude de l'entreprise à financer sa croissance interne par la trésorerie dégagée au niveau des opérations d'exploitation. En principe, le DAFIC doit être en moyenne (sur plusieurs exercices) légèrement positif.

Le **solde financier** est la résultante des flux financiers liés à l'endettement (*CBC compris*), des flux de répartition (charges d'intérêts, impôt sur les bénéfices et participation), et du retraitement des redevances de crédit-bail. En moyenne sur plusieurs exercices, il doit être légèrement négatif, sinon cela signifierait un endettement net.

La **3e partie du tableau** reprend le total des deux soldes précédents (DAFIC + Solde financier = Solde courant ou de gestion), et regroupe également tous les flux non encore considérés (flux à caractère aléatoire ou exceptionnel). C'est ainsi que l'on peut constater que les prises de participation (investissements financiers) et les apports en capital occupent une place mineure dans le TPFF (→ tableau orienté PME).

L'ensemble des flux ayant été pris en compte, on aboutit au solde final qui est la variation des disponibilités (*et non la variation de trésorerie nette comme dans les tableaux suivants*). Ce solde doit être proche de zéro si les normes relatives aux soldes précédents ont été respectées.

Les hypothèses sous-jacentes au TPFF sont :

– une croissance financée exclusivement par le réinvestissement de l'ETE. Lorsque cet objectif n'est pas atteint, cela correspond à une rentabilité insuffisante ou à un excès d'investissement ;
– les fonds propres de l'entreprise doivent, en principe, s'accroître en priorité par autofinancement.

Le tableau de l'Ordre des Experts Comptables
(tableau de financement analysant la variation de trésorerie)

Ce type de tableau est très utilisé aux Etats-Unis et au Canada. Le modèle préconisé par l'OEC s'inspire d'ailleurs de la norme américaine en la matière (norme *Financial Accounting Standard Board*).

Le tableau est basé sur un découpage des flux de trésorerie en trois grandes fonctions :

– l'**exploitation** *au sens large du terme*, c'est-à-dire l'ensemble des opérations de gestion (opérations figurant dans le compte de résultat, cessions d'actifs exclues). Le solde de ces opérations correspond à l'ETOG ;
– l'**investissement**, c'est-à-dire les décaissements provenant de l'acquisition d'immobilisations nettes des encaissements provenant de la cession d'immobilisations. En situation d'investissement, le solde dégagé à ce niveau est logiquement négatif (= flux net de décaissement) ;
– le financement, dont le solde est la résultante de tous les flux liés au *financement durable* (donc CBC exclus).

D'où :

Trésorerie due à l'exploitation
± Trésorerie due à l'investissement
± Trésorerie due au financement

= Variation globale de trésorerie*

[* Variation de la *trésorerie nette* entre deux bilans successifs.]

Tableau de financement analysant la variation de trésorerie (OEC)	**Détail**	**Exercice N**
OPÉRATIONS D'EXPLOITATION		
EBE hors variation des stocks (1)		
Ventes de marchandises		
Production vendue et immobilisée		
Subventions d'exploitation		
- Achats de marchandises		
- Achats matières premières .... et autres approvisionnements		
- Autres achats et charges externes		
- Impôts et taxes et versements assimilés		
- Charges de personnel		
Autres produits encaissables et charges décaissables (2)		
+ Transferts de charges		
+ Autres produits		
+ Produits financiers		
- Autres charges		
- Charges financières		
- Participation		
- Impôts sur les bénéfices		

Tableau de financement analysant la variation de trésorerie (OEC)	Détail	Exercice N
Variation des décalages de trésorerie (3)		
Variation de l'en-cours commercial		
Variation des intérêts courus		
Variation des dettes et créances d'impôts sur les bénéfices		
Flux de trésorerie provenant de (affecté à) l'exploitation (A) = (1) + (2) - (3)		
OPÉRATIONS D'INVESTISSEMENT		
Décaissements provenant de l'acquisition d'immobilisations :		
• incorporelles et corporelles		
• financières		
Encaissements provenant de la cession d'immobilisations :		
• incorporelles et corporelles		
• financières..		
Flux de trésorerie provenant des (affecté aux) opérations d'investissement (B)		
OPÉRATIONS DE FINANCEMENT		
Sommes reçues des actionnaires suite à une augmentation de capital		
Dividendes versés		
Encaissements provenant de nouveaux emprunts.........................		
Remboursements d'emprunts		
Subventions d'investissements reçues		
Flux de trésorerie provenant des (affecté aux) opérations de financement (C)		
VARIATION DE TRÉSORERIE (A + B + C)		
TRÉSORERIE À L'OUVERTURE (D)		
TRÉSORERIE À LA CLÔTURE (A + B + C + D)		

N.B. : Les rubriques de variation des décalages de trésorerie (opérations d'exploitation au sens large) ne sont pas exhaustives. Il y manque, notamment, la variation des dettes provisionnées pour participation des salariés.

Il convient donc d'insérer, en cas de besoin, une ligne supplémentaire intitulée « Variation des créances et dettes sur autres produits et charges ».

Tableau de contrôle de la variation de trésorerie (OEC)

Actif	Ouverture	Clôture	Variation
Valeurs mobilières de placement Disponibilités			
Total 1			
Passif	**Ouverture**	**Clôture**	**Variation**
Effets escomptés non échus Concours bancaires courants			
Total 2			
Trésorerie totale (1) - (2)			

Présenté sur plusieurs exercices, ce tableau de l'OEC permet de connaître, notamment, les politiques d'investissement et de financement suivies, ainsi que le degré de couverture des emplois par l'autofinancement.

Le tableau de flux de la Centrale de bilans de la Banque de France (1987)

Ce tableau est extrait du dossier de gestion de la Banque de France (Données Globales - Flux).

Excédent brut global - Variations des besoins en fonds de roulement.	
A = EXCÉDENT DE TRÉSORERIE GLOBALE	
- Intérêts - Impôts sur les bénéfices - Remboursements • obligations • emprunts bancaires • autres emprunts	
B = FLUX DE TRÉSORERIE DISPONIBLE (après prélèvements obligatoires)	
Investissement productif - Subventions d'investissement reçues + Acquisitions de participations et titres immobilisés + Variation des autres actifs immobilisés hors exploitation - Cessions d'immobilisations	

C = INVESTISSEMENTS NETS	
Augmentation ou réduction du capital + Variation de groupe et associés (dans dettes financières) + Nouveaux emprunts : • obligations • emprunts bancaires • autres emprunts	
D = APPORTS EN RESSOURCES STABLES	
E = VARIATION DE LA TRÉSORERIE = Variation des disponibilités - Variation des crédits bancaires courants	

• **1re partie (A)** : Calcul de l'excédent de trésorerie globale (ETG) à partir de l'excédent brut global (EBG) → ETG = EBG - ΔBFR. L'ETG mesure la capacité de l'entreprise à générer de la trésorerie du seul fait de son activité, indépendamment de sa politique d'endettement et des contraintes fiscales.

• **2e partie (B)** : Le flux de trésorerie disponible est obtenu en soustrayant à l'ETG tous les prélèvements à caractère obligatoire dépendant de l'Etat (impôt sur les bénéfices) ou résultant d'engagements pris vis-à-vis des prêteurs (charges d'intérêts + remboursements en capital) et des actionnaires (distributions de dividendes). Le flux de trésorerie disponible est le concept central du tableau de flux. Il doit être positif (en moyenne sur plusieurs exercices) pour concourir à la couverture des investissements nets → reflète le degré de liberté de l'entreprise dans le financement de sa croissance et son degré de maîtrise de sa trésorerie.

• **3e partie (C)** : Évaluation des investissements nets à financer. Le rapprochement entre le flux de trésorerie disponible et le montant des investissements nets montre la capacité de l'entreprise à s'autofinancer.

• **4e partie (D)** : Fait apparaître les ressources stables auxquelles l'entreprise a choisi de faire appel pour couvrir les besoins résiduels.

Le **solde final (E)** correspond, comme dans le tableau préconisé par l'OEC, à la variation de trésorerie nette :

Solde final (E) = Δ des disponibilités - Δ des crédits bancaires courants = Flux de trésorerie disponible - Investissements nets + Apports en ressources stables

Tous les décalages de trésorerie étant regroupés au niveau du calcul de l'ETG (prise en compte à ce niveau de l'intégralité de la variation du BFR), les flux d'investissement (C) et les flux de financement (D) sont des flux de fonds dans le tableau de la CDB ⇒ l'analyse des flux de trésorerie est donc moins complète que dans le tableau de l'OEC.

6 CAS DE SYNTHÈSE SUR LES FLUX

S.A. Garage LARCALOD (adapté de documents de l'UV 1 du DESCF 1990)

A partir des états comptables fournis (annexes 1 à 6), établir et commenter les tableaux de flux suivants :

- Tableau de financement du plan comptable général 1982 ;
- Tableau de financement analysant la variation de trésorerie de l'Ordre des Experts-Comptables ;
- Tableau de flux de la Centrale de bilans de la Banque de France ;
- Tableau pluriannuel des flux financiers.

ANNEXE 1

	Exercice N*			N-1*
Bilan - Actif	**Brut**	Amortissements et provisions	**Net**	**Net**
Actif immobilisé :				
Immobilisations corporelles :				
Installations techniques, matériel et outillage industriels	196 600	56 578	140 022	45 448
Autres immobilisations corporelles	61 520	15 913	45 607	39 404
Avances et acomptes				10 000
Immobilisations financières :				
Autres titres immobilisés	1 450		1 450	480
Autres immobilisations financières	2 400		2 400	2 400
Total I	**261 970**	**72 491**	**189 479**	**97 732**
Actif circulant :				
Stocks et en-cours :				
Matières premières et autres approvisionnements	119 868		119 868	121 271
Marchandises	199 202		199 202	206 719
Créances :				
Créances clients et comptes rattachés	682 260		682 260	656 354
Autres créances	100 653		100 653	113 561
Valeurs mobilières de placement	101 387		101 387	
Disponibilités	500 550		500 550	470 922
Total II	**1 703 920**		**1 703 920**	**1 568 827**
Total général	**1 965 890**	**72 491**	**1 893 399**	**1 666 559**

** Exercice N clos le 31/12/N, et exercice précédent (N-1) clos le 31/12/N-1.*

ANNEXE 2

Bilan - Passif avant répartition	**Exercice N**	**Exercice N-1**
Capitaux propres :		
Capital (dont versé : 250 000)	250 000	250 000
Réserve légale	14 799	
Résultat net de l'exercice (bénéfice)	54 212	14 799
Total I	**319 011**	**264 799**
Dettes :		
Emprunts et dettes auprès des établissements de crédit (*)	33 012	193 578
Emprunts et dettes financières divers	325 620	177 250
Dettes fournisseurs et comptes rattachés	546 435	448 609
Dettes fiscales et sociales	618 767	545 743
Dettes sur immobilisations et comptes rattachés		29 650
Autres dettes	50 554	6 930
Total II	**1 574 388**	**1 401 760**
Total général	**1 893 399**	**1 666 559**
* Dont concours bancaires courants et soldes créditeurs de banque	0	0

ANNEXE 3

Compte de résultat (en liste)	**Exercice N**	**Exercice N-1**
Produits d'exploitation :		
Ventes de marchandises	2 132 865	1 763 645
Production vendue (prestations de services)	3 765 203	3 511 737
Montant net du chiffre d'affaires	5 898 068	5 275 382
Subventions d'exploitation	42 000	2 800
Reprises sur amortissements et provisions, transferts de charges	8 405	64 484
Total I	**5 948 473**	**5 342 666**
Charges d'exploitation :		
Achats de marchandises	1 864 043	1 757 131
Variation de stock	7 518	(206 720)
Achats de matières premières et autres approvisionnements	1 571 630	1 683 247

Compte de résultat (en liste)	**Exercice N**	**Exercice N-1**
Variation de stock	1 403	(121 271)
Autres achats et charges externes	563 038	505 513
Impôts, taxes et versements assimilés	59 952	45 550
Salaires et traitements	1 226 555	1 150 572
Charges sociales	504 391	472 326
Dotations aux amortissements sur immobilisations	48 223	24 268
Total II	**5 846 753**	**5 310 616**
1. Résultat d'exploitation (I - II)	**101 720**	**32 050**
Produits financiers :		
Autres intérêts et produits assimilés	4 215	
Total III	**4 215**	
Charges financières :		
Intérêts et charges assimilées	10 267	4 559
Total IV	**10 267**	**4 559**
2. Résultat financier (III - IV)	**(6 052)**	**(4 559)**
3. Résultat courant avant impôts (I - II + III - IV)	**95 668**	**27 491**
Produits exceptionnels :		
Sur opérations de gestion	3 588	2 878
Total V	**3 588**	**2 878**
Charges exceptionnelles :		
Sur opérations de gestion	9 839	1 223
Total VI	**9 839**	**1 223**
4. Résultat exceptionnel (V - VI)	**(6 251)**	**1 655**
Impôts sur les bénéfices (VII)	35 205	14 347
Total des produits (I + III + V)	5 956 276	5 345 544
Total des charges (II + IV + VI + VII)	5 902 064	5 330 745
Bénéfice ou perte	**54 212**	**14 799**

ANNEXE 4

ÉTAT DES ÉCHÉANCES DES CRÉANCES ET DES DETTES À FIN N

État des créances	Montant brut	À un an au plus	À plus d'un an
Actif immobilisé :			
Autres immobilisations financières	2 400		2 400
Total I	**2 400**		**2 400**
Actif circulant :			
Autres créances clients	682 260	682 260	
État et autres collectivités publiques :			
- Taxe sur la valeur ajoutée	39 406	39 406	
Débiteurs divers	61 247	61 247	
Total II	**782 913**	**782 913**	
Total général (I + II)	**785 313**	**782 913**	**2 400**

État des dettes	Montant brut	À un an au plus	À plus d'un an
Emprunts et dettes auprès des établissements de crédit (1) :			
- à deux ans maximum à l'origine	639	639	
- à plus de deux ans à l'origine	32 373	15 489	16 884
Emprunts et dettes financières divers (1) (2)			
Fournisseurs et comptes rattachés	546 435	546 435	
Personnel et comptes rattachés	284 655	284 655	
Sécurité sociale et autres organismes sociaux	174 335	174 335	
État et autres collectivités publiques :			
- Impôts sur les bénéfices	24 787	24 787	
- Taxe sur la valeur ajoutée	126 360	126 360	
- Autres impôts, taxes et assimilés	8 630	8 630	
Groupe et associés (2)	325 620	325 620	
Autres dettes	50 554	50 554	
Total dettes	**1 574 388**	**1 557 504**	**16 884**

(1) Montant des :	
- Emprunts souscrits en cours d'exercice	
- Emprunts remboursés en cours d'exercice	161 049
(2) Montant des divers emprunts et dettes contractés auprès des associés personnes physiques	325 620

ANNEXE 5
ÉTAT DE L'ACTIF IMMOBILISÉ

Immobilisations	Valeur brute au début de l'exercice	Augmentations	Diminutions	Valeur brute à la fin de l'exercice
Corporelles :				
Installations techniques, matériel et outillage industriels	65 600	131 000		196 600
Autres immobilisations corporelles :				
- Installations générales, agencements, aménagements divers	30 620			30 620
- Matériel de transport		18 000		18 000
- Matériel de bureau et informatique, mobilier	12 900			12 900
Avances et acomptes	10 000		10 000	
Total I	**119 120**	**149 000**	**10 000**	**258 120**
Financières :				
Autres titres immobilisés	480	970		1 450
Prêts et autres immobilisations financières	2 400			2 400
Total II	**2 880**	**970**		**3 850**
Total général (I + II)	**122 000**	**149 970**	**10 000**	**261 970**

ANNEXE 6
RENSEIGNEMENTS COMPLÉMENTAIRES

Concernant les postes du bilan :

– Le poste « Emprunts et dettes auprès des établissements de crédit » comprend 156 francs d'intérêts courus non échus en N-1 et 639 francs en N ;

– Le poste « Emprunts et dettes financières divers » ne comporte que le compte-courant de Monsieur LAMBERT, associé de la S.A. Garage LARCALOD ;

– Le poste « Dettes fiscales et sociales » comprend 14 347 francs d'impôt sur les bénéfices en N-1 et 24 787 francs en N ;

– Les valeurs mobilières de placement peuvent être considérées comme immédiatement négociables au prix inscrit au bilan ;

– Les « Autres créances » et « Autres dettes » ne concernent que l'exploitation ;

– Il n'y a aucune provision mouvementée durant l'exercice N et il n'y a pas de provisions d'aucune sorte au bilan.

Concernant les postes du compte de résultat :

– Le poste « Reprises sur amortissements et provisions, transferts de charges » se décompose comme suit :

- 791001 « Remboursements assurance sinistres » : 15 872 francs en N-1 et 8 405 francs en N ;
- 791002 « Remboursements salaires et charges » : 48 612 francs en N-1.

– Dans le poste « Autres achats et charges externes » figurent :

- des dépenses de personnel intérimaire pour 33 000 F ;
- un loyer de crédit-bail pour 9 000 F relatif à une machine acquise 75 000 F HT par une société de crédit-bail qui a conclu début N avec la S.A. Garage LARCALOD le contrat suivant :
- durée 10 ans,
- loyer annuel HT : 9 000 F (échéance : fin décembre),
- prix de la levée d'option de vente : 7 000 F.

Première partie du tableau de financement PCG 82 :
S.A. Garage LARCALOD

EMPLOIS	**Exercice N**	**RESSOURCES**	**Exercice N**
Distributions mises en paiement au cours de l'exercice		Capacité d'autofinancement de l'exercice	102 435 (4)
		Cessions ou réductions d'éléments de l'actif immobilisé	
Acquisitions d'éléments de l'actif immobilisé :		Cessions d'immobilisations :	
		- incorporelles	
- immobilisations incorporelles		- corporelles	
- immobilisations corporelles	139 000 (1)	Cessions ou	
- immobilisations financières	970 (2)	réductions d'immobilisations	
		financières	
Charges à répartir sur plusieurs exercices (a)			
Réduct. des capitaux propres (réduct. capital)		Augmentation des capitaux propres :	
Remboursement des dettes financières (b)	161 049 (3)	Augmentation de capital ou apports	
		Augmentation des autres capitaux propres	
		Augmentation des dettes financières (b) (c)	148 370 (5)
TOTAL DES EMPLOIS	301 019	TOTAL DES RESSOURCES	250 805
Solde créditeur : variation du fonds de roulement net global (ressource nette)		Solde débiteur : variation du fonds de roulement net global (emploi net)	50 214

(a) Montant brut transféré au cours de l'exercice.
(b) Sauf concours bancaires courants et soldes créditeurs de banques.
(c) Hors primes de remboursement des obligations.

(1) selon annexe 5 : augmentations des immobilisations corporelles - virements de poste à poste (avances et acomptes) = 149 000 - 10 000 = 139 000 ;

(2) selon annexe 5 : augmentations des autres titres immobilisés ;

(3) selon annexe 4 : emprunts remboursés en cours d'exercice (emprunts et dettes auprès des établissements de crédit) ;

(4) CAF = 54 212 + 48 223 = 102 435 ;

(5) augmentation de l'avance en compte-courant d'associé (Monsieur LAMBERT) : 325 620 - 177 250 = 148 370.

Deuxième partie du tableau de financement PCG 82 :
S.A. Garage LARCALOD

	Exercice N		
Variation du fonds de roulement net global	**Besoins 1**	**Dégagt 2**	**Solde 2 - 1**
Variations « Exploitation » :			
Variations des actifs d'exploitation :			
- Stocks et en-cours		8 920 (1)	
- Avances et acomptes versés sur commandes d'exploitation			
- Créances clients, comptes rattachés et autres créances d'exploitation	12 998 (2)		
Variations des dettes d'exploitation :			
- Avances et acomptes reçus sur commandes en cours			
- Dettes fournisseurs, comptes rattachés et autres dettes d'exploit.		204 034 (3)	
Totaux	12 998	212 954	
A - Variation nette « Exploitation »			199 956
Variations « Hors exploitation » :			
Variations des autres débiteurs (créances diverses)			
Variations des autres créditeurs (dettes diverses)	18 727 (4)		
Totaux	18 727		
B - Variation nette « Hors exploitation »			(18 727)
TOTAL A + B : Besoins de l'exercice en fonds de roulement *ou* Dégagement net de fonds de roulement dans l'exercice			181 229
Variations « Trésorerie »			
Variations des disponibilités	131 015 (5)		
Variations des concours bancaires courants			
Totaux	131 015		
C - Variation nette « Trésorerie »			(131 015)
Variation du fonds de roulement net global (TOTAL A + B + C) Solde débiteur = Emploi net ou Solde créditeur = Ressource nette			50 214

(1) [119 868 + 199 202] - [121 271* + 206 719*] = - 8 920 (déstockage)
* brut = net, car absence de provisions

(2) [682 260 + 100 653] - [656 354* + 113 561*] = 12 998 (accroissement de besoins)
* brut = net, car absence de provisions

(3) [546 435 + 618 767 - **24 787** + 50 554] - [448 609 + 545 743 - **14 347** + 6 930] = 204 034 (accroissement de ressources)

(4) [**24 787** + 639] - [**14 347** + 156 + 29 650] = - 18 727 (diminution de ressources)

(5) [101 387** + 500 550] - 470 922 = 131 015 (accroissement des emplois de trésorerie) - ** *valeurs mobilières de placement assimilées à des disponibilités, car placement de trésorerie sans risque pour le capital investi.*

Commentaires du tableau de financement du plan comptable général :

Le fonds de roulement net global enregistre une diminution au cours de l'exercice N (- 50 214). Cependant, la capacité d'autofinancement couvre près des trois quarts (73,69 %) des acquisitions d'immobilisations corporelles. Par ailleurs, la société s'est légèrement désendettée (12 679 de désendettement net).

L'entreprise dégage des ressources importantes au niveau de son cycle d'exploitation (+ 199 956), essentiellement en raison de la forte augmentation de ses dettes d'exploitation.

Il en résulte un accroissement conséquent de la trésorerie nette (+ 131 015), laquelle atteint à la fin de l'exercice N un montant de 601 937 F (dont seulement 101 387 sont rémunérés). Face à cette trésorerie abondante et en grande partie non gérée, l'augmentation de l'avance en compte-courant d'associé de Monsieur LAMBERT (+ 148 370) semble injustifiée.

Tableau de financement explicatif de la variation de trésorerie de l'Ordre des Experts-Comptables

Tableau préliminaire explicatif de la variation de l'encours commercial

Variation de l'encours commercial	Exercice	Exercice N-1
Créances d'exploitation :		
Créances clients et comptes rattachés	682 260	656 354
Autres créances d'exploitation	100 653	113 561
Total créances d'exploitation (A)	**782 913**	**769 915**
Dettes d'exploitation :		
Dettes fournisseurs et comptes rattachés	546 435	448 609
Dettes fiscales et sociales	593 980 (1)	531 396 (2)
Autres dettes d'exploitation	50 554	6 930
Total dettes d'exploitation (B)	**1 190 969**	**986 935**
Encours commercial (A) - (B)	**(408 056)**	**(217 020)**
Variation de l'encours commercial	**(191 036)**	

(1) 618 767 - 24 787 (IS) - (2) 545 743 - 14 347 (IS)

Tableau de financement analysant la variation de trésorerie (OEC)	Détail	Exercice N
OPÉRATIONS D'EXPLOITATION		
EBE hors variation des stocks (1)		150 459
Ventes de marchandises	2 132 865	
Production vendue et immobilisée	3 765 203	
Subventions d'exploitation	42 000	
- Achats de marchandises	(1 864 043)	
- Achats matières premières et autres approvisionnements	(1 571 630)	
- Autres achats et charges externes	(563 038)	
- Impôts et taxes et versements assimilés	(59 952)	
- Charges de personnel	(1 730 946)	
Autres produits encaissables et charges décaissables (2)		(39 103)
+ Transferts de charges	8 405	
+ Autres produits	3 588	
+ Produits financiers	4 215	
- Autres charges	(9 839)	
- Charges financières	(10 267)	
- Participation		
- Impôts sur les bénéfices	(35 205)	
Variation des décalages de trésorerie (3)		(201 959)
Variation de l'en-cours commercial	(191 036)	
Variation des intérêts courus	(483)	
Variation des dettes et créances d'impôts sur les bénéfices	(10 440)	
Flux de trésorerie provenant de (affecté à) l'exploitation (A) = (1) + (2) - (3)		313 315
OPÉRATIONS D'INVESTISSEMENT		
Décaissements provenant de l'acquisition d'immobilisations :		
• incorporelles et corporelles		(168 650) *
• financières		(970)
Encaissements provenant de la cession d'immobilisations :		
• incorporelles et corporelles		
• financières		
Flux de trésorerie provenant des (affecté aux) opérations d'investissement (B)		(169 620)

OPÉRATIONS DE FINANCEMENT	
Sommes reçues des actionnaires suite à une augmentation de capital	
Dividendes versés	
Encaissements provenant de nouveaux emprunts	148 370
Remboursements d'emprunts	(161 049)
Subventions d'investissements reçues	
Flux de trésorerie provenant des (affecté aux) opérations de financement (C)	(12 679)
VARIATION DE TRÉSORERIE (A + B + C)	131 016 **
TRÉSORERIE À L'OUVERTURE (D)	470 922
TRÉSORERIE À LA CLÔTURE (A + B + C + D)	601 938

** 139 000 (acquisitions N) + 29 650 (dettes sur immobilisations fin N-1)*

*** écart d'arrondi d'un franc (concerne la variation de stock de marchandises)*

Tableau de contrôle de la variation de trésorerie (OEC)

Actif	Ouverture	Clôture	Variation
Valeurs mobilières de placement		101 387	
Disponibilités	470 922	500 550	
Total 1	470 922	601 937	131 015
Passif	**Ouverture**	**Clôture**	**Variation**
Effets escomptés non échus			
Concours bancaires courants			
Total 2			
Trésorerie totale (1) - (2)	470 922	601 937	131 015

Commentaires du tableau de financement analysant la variation de trésorerie (OEC) :

La trésorerie de l'entreprise s'est sensiblement accrue au cours de l'exercice. Le cycle d'exploitation (au sens large) sécrétant un important excédent de trésorerie (ETOG s'élevant à 313 315) permet de couvrir les opérations d'investissement, ainsi que la totalité des opérations de financement qui sont ici négatives puisque la S.A. a remboursé plus d'emprunts qu'elle n'en a souscrit.

En définitive, la situation de la S.A. Garage LARCALOD peut être considérée comme très bonne en termes de liquidité puisque le cycle annuel a permis de dégager un excédent de trésorerie de 131 015 F, portant de ce fait la trésorerie active à plus de 600 000 F à la clôture de l'exercice N.

Cependant, on peut légitimement se poser la question de savoir ce que l'entreprise envisage de faire avec ce « trésor de guerre ».

Tableau de flux de la Centrale de bilans de la Banque de France :

Retraitement du loyer de crédit-bail :

- $\frac{75\,000 - 7\,000}{10}$ = 6 800 d'amortissement et de remboursement ;
- 9 000 - 6 800 = 2 200 de charges d'intérêts.

Calcul de l'excédent brut global (EBG) :

Ventes de marchandises	2 132 865
Coût d'achat des marchandises vendues	(1 871 561)
MARGE COMMERCIALE	**261 304**
Production vendue	3 765 203
Consommations en provenance de tiers	(2 136 071)
VALEUR AJOUTÉE PCG	**1 890 436**
Loyer de crédit-bail	9 000
Personnel extérieur	33 000
Subventions d'exploitation	42 000
Impôts, taxes et versements assimilés	(59 952)
VALEUR AJOUTÉE au coût des facteurs	**1 914 484**
Transferts de charges d'exploitation (*cf. annexe 6*)	8 405
Produits financiers	4 215
Produits exceptionnels sur opérations de gestion	3 588
Charges exceptionnelles sur opérations de gestion	(9 839)
VALEUR AJOUTÉE GLOBALE	**1 920 853**
Charges de personnel CDB (*1 730 946 + 33 000*)	(1 763 946)
EXCÉDENT BRUT GLOBAL	**156 907**

Tableau de flux CDB	Exercice N
Excédent brut global - Variations des besoins en fonds de roulement	156 907 181 229
A = EXCÉDENT DE TRÉSORERIE GLOBALE	**338 136**
- Intérêts (*10 267 + 2 200 de CB*) - Impôts sur les bénéfices - Remboursements : • obligations • emprunts bancaires • autres emprunts (*crédit-bail*)	(12 467) (35 205) (161 049) (6 800)
B = FLUX DE TRÉSORERIE DISPONIBLE (après prélèvements obligatoires)	**122 615**
Investissement productif (*139 000 + 75 000 de CB*) - Subventions d'investissement reçues + Acquisitions de participations et titres immobilisés + Variation des autres actifs immobilisés hors exploitation - Cessions d'immobilisations	214 000 970
C = INVESTISSEMENTS NETS	**214 970**
Augmentation ou réduction du capital + Variation de groupe et associés (dans dettes financières) + Nouveaux emprunts : • obligations • emprunts bancaires • autres emprunts (*crédit-bail*)	 148 370 75 000
D = APPORTS EN RESSOURCES STABLES	**223 370**
E = VARIATION DE LA TRÉSORERIE = Variation des disponibilités - Variation des crédits bancaires courants	131 015 131 015

Commentaires du tableau de flux de la CDB

L'EBG n'a pas eu à couvrir la variation du BFR de l'exercice puisqu'il s'agit ici d'un dégagement en fonds de roulement. D'où un excédent de trésorerie globale (ETG) amélioré d'autant, et un flux de trésorerie disponible encore largement positif (122 615) après prélèvements obligatoires relatifs au service de la dette et à l'impôt sur les sociétés.

Ce flux de trésorerie disponible permet quasiment de couvrir les investissements hors crédit-bail (139 000). Dès lors, on peut raisonnablement s'interroger sur la pertinence de l'apport en compte-courant d'associé.

En conclusion, la trésorerie dégagée par l'entreprise durant l'exercice est confortable et demanderait à être mieux gérée.

Tableau pluriannuel des flux financiers

	Exercice N
Valeur ajoutée (hors redevances de crédit-bail)	1 899 436 (1)
+ Subventions d'exploitation	42 000
- Impôts, taxes et versements assimilés	(59 952)
- Charges de personnel	(1 730 946)
Excédent brut d'exploitation (EBE)	150 538
- Variation des stocks	8 920
Excédent sur opérations (ESO)	159 458
- Variation de l'en-cours commercial	191 036
Excédent de trésorerie d'exploitation (ETE)	350 494
- Investissements d'exploitation (corporels)	(243 650) (2)
Disponible après financement interne de la croissance (DAFIC) = E : Solde d'exploitation	106 844
+ Variation des dettes financières	62 321 (3)
+ Variation des concours bancaires courants	
- Charges d'intérêts	(10 267)
- Redevances de crédit-bail	(9 000)
- Participation des salariés	
- Impôts sur les bénéfices	(35 205)
F : Solde financier	7 849
G : Solde courant ou solde de gestion = E + F	114 693
- Dividendes distribués	
- Investissements incorporels & charges à répartir	
- Investissements financiers	(970)
+ Produits des cessions d'actifs	
+ Réductions d'immobilisations financières	
+ Augmentation des capitaux propres	
+ Transferts de charges	8 405
+ Autres produits de gestion courante	
- Autres charges de gestion courante	
+ Produits financiers (encaissables)	4 215
- Autres charges financières (décaissables)	
+ Produits exceptionnels (encaissables)	3 588
- Charges exceptionnelles (décaissables)	(9 839)
- Variation du BFRHE (non affecté à l'investissement ou au financement)	10 923 (4)
Variation des disponibilités	131 015

(1) 1 890 436 [VA PCG] + 9 000 [Loyer CB] - (3) 148 370 - 161 049 + 75 000 (« emprunt » CB)
(2) 139 000 + 29 650 + 75 000 (invest. CB) - (4) 10 440 (Δ d'IS) + 483 (Δ d'intérêts courus)

Commentaires du TPFF

L'ETE qui correspond à la trésorerie sécrétée par les opérations d'exploitation, au sens strict, couvre intégralement le financement des investissements d'exploitation et permet de dégager un DAFIC largement positif (106 845). Dans l'optique du TPFF, ceci peut exprimer une certaine insuffisance d'investissement.

Le solde financier étant légèrement positif (7 849), la société n'a pas besoin d'utiliser son flux de trésorerie disponible issu de l'exploitation pour financer le coût de la dette et de l'impôt sur les bénéfices.

Les variations à caractère exceptionnel du bas du tableau n'étant pas véritablement significatives, la variation des disponibilités, qui représente l'excédent des liquidités dégagées par l'ensemble des opérations de l'exercice, est donc fort logiquement positive (131 015).

1 DIAGNOSTIC FINANCIER ET DÉTECTION DU RISQUE DE DÉFAILLANCE

Le diagnostic financier a pour objectif de répondre à quatre interrogations essentielles du chef d'entreprise :

– *l'appréciation de la solvabilité* : aptitude de l'entreprise à faire face à ses engagements, et à assurer le règlement de ses dettes lorsque celles-ci arrivent à échéance ;

– *la mesure des performances* : suivi des indicateurs de résultat permettant de faire ressortir la profitabilité, la rentabilité économique et la rentabilité financière de l'entreprise ;

– *la croissance* : rythme de développement de l'activité (à comparer avec le taux de croissance du secteur) ;

– *les risques* : appréciation des risques encourus, particulièrement le risque de défaillance à la suite d'une cessation de paiement.

1. MÉTHODOLOGIE DU DIAGNOSTIC FINANCIER

Le diagnostic financier comporte trois types d'analyse :

- une **analyse statique** à partir du bilan, en vue d'apprécier les grands équilibres ;
- une **analyse dynamique** en termes de flux financiers (flux de fonds et flux de trésorerie) permettant de faire ressortir les évolutions entre deux bilans successifs ;
- une **analyse du compte de résultat** afin d'apprécier les performances réalisées.

L'analyse financière utilise traditionnellement la **méthode des ratios** pour établir un diagnostic.

Un *ratio* est un rapport entre deux grandeurs caractéristiques de l'activité, de la situation économique ou des performances d'une entreprise.

Exemple : les ratios de rotation (calcul sur une base annuelle)

– délai de rotation des stocks (durée moyenne d'écoulement) :

$$\frac{\text{STOCK MOYEN}}{\text{COÛT D'ACHAT OU DE PRODUCTION DES SORTIES DE STOCK}} \times 360$$

– délai de rotation ou de récupération des créances clients (crédit-clients) :

$$\frac{\text{CLIENTS \& COMPTES RATTACHÉS + EENE}}{\text{CA TTC}} \times 360$$

– délai de rotation ou de règlement des dettes fournisseurs (crédit-fournisseurs) :

$$\frac{\text{FOURNISSEURS ORDINAIRES \& COMPTES RATTACHÉS}}{\text{ACHATS \& CHARGES EXTERNES TTC}} \times 360$$

Les ratios de l'entreprise doivent être comparés à des valeurs normatives internes (évolution dans le temps) et externes (échantillon d'entreprises dont l'activité et la taille sont analogues).

La Centrale de bilans de la Banque de France propose dans son dossier d'analyse une batterie de 36 ratios regroupés en grandes familles :

1. activité et valeur ajoutée,
2. structure,
3. moyens d'exploitation *(outil de production, investissements, délais de rotation des composantes du BFR)*,
4. résultats d'exploitation,
5. structure financière,
6. marges et résultats globaux,
7. financement.

En final, un diagnostic financier doit faire ressortir les *points forts* et les *points faibles* de l'entreprise analysée, émettre des *recommandations* afin de remédier à certaines carences de l'organisation, et ponctuer le rapport par une note d'optimisme ou de pessimisme quant aux *perspectives d'évolution*.

2. NOTATION ET DÉTECTION DU RISQUE DE DÉFAILLANCE

L'attribution d'une note (ou *score*) dans cette approche vise à alerter le décideur sur le risque de défaillance de l'entreprise dans un avenir relativement proche. Ce score peut être utilisé dans le cadre de la procédure d'attribution d'un crédit par un prêteur, mais aussi par les dirigeants ou les auditeurs pour prendre, avant qu'il ne soit trop tard, les mesures de redressement nécessaires.

La **méthode des scores** consiste, à partir de n ratios considérés comme les plus significatifs, à élaborer par la technique de l'*analyse discriminante* une combinaison linéaire Z (score) de ces ratios qui permette d'établir une différenciation acceptable entre entreprises saines et entreprises défaillantes.

Le score Z attribué à chaque entreprise s'évalue par une fonction linéaire du type :

$Z = a_1 R_1 + a_2 R_2 + \ldots + a_n R_n$;

les variables R_i correspondant aux différents ratios retenus et les coefficients a_i aux coefficients de pondération issus du calcul statistique appliqué à l'échantillon observé.

A titre d'exemple, la Centrale de bilans de la Banque de France a construit en 1983 une fonction score reposant sur 8 ratios et calculée de la façon suivante :

$Z = 1/100 (-1{,}255 X_1 + 2{,}003 X_2 - 0{,}824 X_3 + 5{,}221 X_4 - 0{,}689 X_5 - 1{,}164 X_6 + 0{,}706 X_7 + 1{,}408 X_8)$.

avec $X_i = R_i - \overline{R_i}$ *= différence entre le ratio de rang i et la valeur pivot (moyenne des ratios de rang i de l'échantillon).*

Tableau de calcul de la fonction score Z

N° des ratios	Ratios	Coefficients des ratios de la fonction - 1 -	valeurs des ratios de l'entreprise - 2 -	valeur pivot - 3 -	Contribution des ratios au score 1 x (2 - 3) - 4 -
R1	Frais financiers / EBE (CDB)	- 1,255		62,8	
R2	Couverture des capitaux investis	+ 2,003		80,2	
R3	Capacité de remboursement	- 0,824		24,8	
R4	Taux de marge brute d'exploitation	+ 5,221		6,8	
R5	Délai crédit-fournisseurs	- 0,689		98,2	
R6	Taux de croissance de la valeur ajoutée CDB	- 1,164		11,7	
R7	Délai découvert-clients	+ 0,706		79,-	
R8	Taux d'investissements physiques	+ 1,408		10,1	
				100 Z = Z =	

Précisions concernant les ratios utilisés :

– R_1 = (Charges d'intérêts sur endettement financier / EBE au coût des facteurs) × 100 *R_1 est plafonné à 215 (%) ;*

– R2 = (Ressources durables / Capitaux investis) × 100 *avec Capitaux investis = Emplois stables + BFRE ;*

– R3 = (CAF / Endettement global) × 100 ;

– R4 = (EBE au coût des facteurs / CA HT) × 100 ;

– R5 = (Dettes commerciales / Achats TTC) × 360 ;

– R6 = [(Valeur ajoutée au coût des facteurs$_n$ - Valeur ajoutée au coût des facteurs$_{n-1}$) / Valeur ajoutée au coût des facteurs$_{n-1}$] × 100 ;

– R7 = [(Créances clients + EENE) / CA TTC] × 360 ;

– R8 = (Investissement productif / Valeur ajoutée au coût des facteurs) × 100.

R8 est une moyenne des trois derniers exercices, avec Investissement productif = Acquisitions d'immobilisations corporelles d'exploitation + Immobilisations nouvelles prises en crédit-bail.

Si Z < - 0,25	l'entreprise est en situation risquée
Si - 0,25 ≤ Z ≤ 0,125	l'entreprise est dans une zone d'incertitude
Si Z > 0,125	l'entreprise est dans une situation normale

N.B. : Pour les entreprises ayant un score Z < - 0,25 avec EBE ≤ 0 ou Frais financiers / EBE ≥ 215 %, calcul d'une **fonction complémentaire** Y_1 (si $Y_1 < 0$, l'entreprise manifeste des signes de défaillance).

Pour les entreprises ayant un score Z < - 0,25 et 0 < Frais financiers / EBE < 215 %, calcul d'une **fonction complémentaire** Y2 (si Y2 < - 0,375, l'entreprise manifeste des signes de défaillance).

Il existe des fonctions score adaptées à certains secteurs et à certains types d'entreprise. C'est ainsi que la Banque de France a mis au point en 1989 une fonction score adaptée aux PME du secteur « Bâtiment et Génie civil et agricole ».

D'autre part, la fiabilité de la méthode décroissant avec l'ancienneté de l'échantillon de référence, il faut essayer de prendre en compte des fonctions réactualisées.

3. NOTATION PAR LES AGENCES SPÉCIALISÉES (« RATING »)

Dans le cas où les entreprises se tournent vers les marchés de capitaux pour trouver des ressources externes, les investisseurs potentiels n'ont pas toujours le temps ni les moyens de faire un diagnostic approfondi de l'entreprise à laquelle ils prêteront des fonds.

Les agences de notation des titres servent alors d'intermédiaires entre le souscripteur et l'émetteur pour l'*appréciation de la signature* de ce dernier, qu'il s'agisse :

- de titres représentatifs de créances à long et moyen termes émis sur le marché financier (titres obligataires) ;
- ou de titres émis sur le marché monétaire (titres de créances négociables).

En France, les agences de *rating* ne se sont développées que dans le courant des années 80, parallèlement à la levée des contraintes étatiques sur les marchés de capitaux (désencadrement, désintermédiation, libéralisation). Les principales agences opérant actuellement en France sont Standard and Poor's - ADEF (Agence d'évaluation économique et financière) et Moody's.

La notation des émissions repose sur des *échelles de classification* du type AAA (situation de l'émetteur excellente), AA, A, BBB,..., DDD (créances en défaut de paiement), plus ou moins détaillées selon les agences et le type de titre émis.

L'attribution d'une note à une entreprise industrielle ou commerciale est liée à la situation du secteur auquel elle appartient, à sa position sur son marché, à sa rentabilité, à son niveau d'endettement, à son degré de protection des actifs, à sa capacité d'autofinancement, à son implantation sur différents marchés financiers, à l'assurance de sources de liquidités de substitution diversifiées (notamment par le biais de lignes bancaires confirmées). Cette note résulte donc d'une approche **multicritères**.

4. LES SYSTÈMES EXPERTS D'AIDE AU DIAGNOSTIC

Un système expert est un logiciel permettant de *simuler* le raisonnement humain, à partir du savoir et du savoir-faire d'un expert. Il permet, par exemple, à un exploitant d'établissement de crédit de reproduire la démarche que suivrait un spécialiste pour apprécier les risques d'un débiteur.

Il s'agit donc d'un outil d'**aide à la décision** fondé sur les techniques d'**intelligence artificielle** et résultant d'une modélisation de la démarche de diagnostic.

Divers organismes proposent des systèmes experts : Banque de France, Crédit National, cabinets d'audit et de consultants...

Ces systèmes comprennent trois composantes :

– une *base de connaissances* constituée des règles (savoir et pratique des experts) et des faits de référence (du type statistiques sectorielles par exemple) ;

– une *base de faits* contenant les données nécessaires à la résolution du problème posé (données rentrées par l'utilisateur) ;

– un *moteur d'inférence* permettant de déduire les conclusions à partir des faits et des règles issus des deux bases précédentes.

5. DIFFICULTÉS ET DÉFAILLANCES DES ENTREPRISES

Le diagnostic financier peut intervenir dans des circonstances graves, notamment lorsque l'entreprise se trouve en difficulté.

5.1. L'entreprise en difficulté

Cadre juridique actuel : Loi du 1/03/84 et décret d'application du 1/03/85, modifiés par loi du 10/06/94 et décret du 21/10/94.

La loi définit implicitement les difficultés comme « tout fait de nature à compromettre la continuité de l'exploitation ». Elle donne au commissaire aux comptes, aux actionnaires (représentant 10 % du capital), au comité d'entreprise et au président du tribunal de commerce le *droit de déclencher la procédure d'alerte*.

CAUSES DE DÉFAILLANCES

→ Causes générales et politiques : décisions stratégiques inopportunes, divisions entre associés, produits obsolètes, outil de production inadapté, manque de qualification du personnel...

→ Problèmes de structure et de liquidité : investissements trop lourds, insuffisance de fonds propres, difficulté d'obtention de concours bancaires courants, retard ou défaut de paiement des clients (effet de domino), réduction ou suppression de crédit-fournisseurs...

→ Problèmes d'activité et de rentabilité : forte chute de l'activité, perte d'un gros client, charges fixes trop lourdes, méconnaissance des coûts de revient, absence de maîtrise des stocks...

Documents nécessaires au diagnostic (obligation pour les entreprises dont le nombre de salariés est ≥ 300 ou le chiffre d'affaires ≥ 120 MF) :

- documents rétrospectifs : situation semestrielle de l'actif réalisable et disponible (valeurs d'exploitation exclues) et du passif exigible, tableau de financement annuel ;
- documents prévisionnels : plan de financement, compte de résultat.

5.2. Plans de redressement

• La procédure de **règlement amiable** est ouverte « à toute entreprise commerciale qui, sans être en état de cessation de paiement, éprouve une difficulté juridique, économique ou financière ou des besoins qui ne peuvent être couverts par un financement adapté aux possibilités de l'entreprise ».

• La procédure de **redressement judiciaire** s'applique à tout commerçant ou personne morale de droit privé qui se trouve en état de cessation de paiement, c'est-à-dire « qui est dans l'impossibilité de faire face au passif exigible avec son actif disponible ».

Après avoir procédé à un diagnostic général et financier de l'entreprise, et constaté une dégradation, il convient de définir les modalités de redressement applicables à la situation.

Dans le cas où le redressement s'avère possible, il doit s'opérer :

– avec ou sans changement de structures juridiques (changement de cadre juridique nécessaire en cas de dépôt de bilan) ;
– avec ou sans intervention d'un partenaire externe.

Quelle que soit la solution retenue, le plan de redressement doit contenir :

– une étude des conditions économiques du redressement et la détermination des mesures à prendre ;
– une analyse de l'impact des mesures de restructuration sur le plan social ;
– une évaluation des besoins de financement et l'établissement de documents prévisionnels.

DEUXIÈME PARTIE

GESTION FINANCIÈRE À COURT TERME

Dans la 1re partie consacrée aux éléments du diagnostic financier, nous avons vu que la trésorerie nette, c'est-à-dire les disponibilités et quasi-disponibilités diminuées des crédits bancaires courants, est la résultante du fonds de roulement (FR) moins le besoin en fonds de roulement (BFR).

Cette trésorerie nette est en effet positive lorsque le BFR, besoin dû au décalage entre flux de fonds et flux de trésorerie résultant des délais de stockage et de crédit, est inférieur au FR, lequel représente l'excédent des ressources durables sur les emplois stables ; elle est négative dans le cas inverse, c'est-à-dire lorsque le BFR est supérieur au FR.

La gestion financière à court terme s'intéresse plus particulièrement au bas du bilan, c'est-à-dire à la gestion du circulant (actif et passif), ainsi qu'au choix des crédits et placements de trésorerie.

Cette gestion s'opère simultanément sur deux horizons :

- un horizon annuel permettant d'apprécier globalement si l'équilibre financier est assuré ;
- un horizon à très court terme dans le cadre d'une optimisation de la trésorerie au jour le jour.

8 FINANCEMENT DU CYCLE D'EXPLOITATION

Le besoin de financement lié au cycle d'exploitation, ou besoin en fonds de roulement d'exploitation (BFRE), correspond la plupart du temps à l'essentiel du BFR. Or, ce besoin varie selon la date considérée, en fonction du niveau des stocks, de celui des créances et des dettes d'exploitation dont les montants fluctuent constamment au cours d'une année donnée.

Il est donc pertinent d'évaluer le *niveau moyen* du besoin de financement relatif aux opérations d'exploitation, pour un chiffre d'affaires annuel donné (i.e. pour un niveau d'activité donné). S'agissant de postes du circulant relativement maîtrisables (à la différence des éléments hors exploitation), cette démarche s'inscrit également dans le cadre d'une *gestion prévisionnelle*.

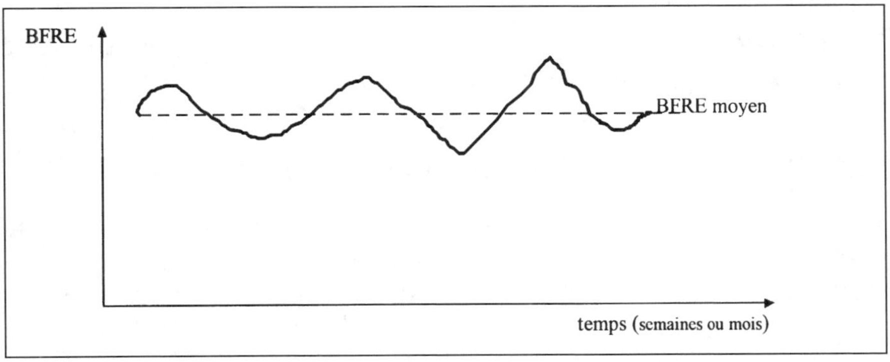

On désigne par **fonds de roulement normatif** le fonds de roulement nécessaire pour assurer le financement du BFRE moyen.

En effet, si l'entreprise veut éviter des problèmes de trésorerie chroniques, elle doit financer le besoin en fonds de roulement d'exploitation moyen avec des capitaux permanents. Les banques de l'entreprise intervenant alors sur les besoins temporaires et résiduels.

N.B. : S'agissant du calcul d'un BFR, certains auteurs estiment que le terme FR normatif relève d'un abus de langage et qu'il convient plutôt de parler de ***BFR normatif.***

1. DÉTERMINATION DU BFR NORMATIF

Dans la méthode dite « des experts comptables », le montant moyen de chaque poste du BFRE est exprimé en **nombre de jours de CA HT**. Pour ce faire, chaque poste est décomposé en *temps d'écoulement* (TE) et *coefficient de structure* (CS).

Soit X le montant moyen d'un poste P du BFRE :

– avec $TE = \frac{X \times 360}{\text{Flux annuel P}}$;

– et $CS = \frac{\text{Flux annuel P}}{\text{CA HT}}$;

par suite, $TE \times CS = \frac{X \times 360}{\text{CA HT}} \Rightarrow$ poste P exprimé en nombre de jours de CA HT.

Pour les postes liés au personnel ou à la TVA, le temps d'écoulement se détermine à partir d'une date moyenne de créance ou de dette.

Exemple : TVA reversée le 20 du mois suivant ⇒ TE = 15 + 20 = 35 (* en situant la date moyenne en milieu de mois)*

En ce qui concerne les stocks et en-cours, certains auteurs estiment qu'il convient de ne pas prendre en compte les amortissements dans la mesure où l'on calcule un besoin de financement et que les amortissements représentent déjà de l'autofinancement.

Le BFR normatif permet de prévoir l'effet des variations du chiffre d'affaires (et donc de l'activité) sur le niveau moyen du BFRE.

2. PERFECTIONNEMENT DU BFR NORMATIF

Le modèle normatif classique repose sur l'hypothèse simplificatrice d'une proportionnalité entre tous les postes du BFRE et le chiffre d'affaires de l'entreprise. Or, la plupart des éléments du BFRE sont fonction de charges comportant une partie variable (charges opérationnelles) et une partie fixe (charges de structure).

En faisant la *distinction entre charges fixes et charges variables,* on aboutit à un BFRE exprimé en **deux parties** :

– une partie variant proportionnellement au chiffre d'affaires (exprimée en jours de CA HT) ;

– une partie fixe, indépendante du niveau d'activité (exprimée en francs).

⇒ BFR normatif de la forme y = a x + b

avec a x : partie variable en jours de CA HT et b : partie fixe en francs

Exemple (inspiré du cas VINLO épreuve 2 du DESCF) :

La société TRESOR souhaite évaluer le BFR normatif correspondant à l'exploitation d'une de ses branches d'activité, en faisant la distinction entre la partie variable en jours de CA HT et la partie fixe en francs.

Les informations suivantes sont réunies :

- *durées moyennes de stockage : matières premières 20 jours, produits finis 30 jours ;*
- *la fabrication s'échelonne sur 20 jours ;*
- *les crédits obtenus sont les suivants :*

- fournisseurs de matières premières 60 jours,
- charges proportionnelles 20 jours,
- charges fixes, pour 40 % seulement à crédit : 20 jours,
- salaires nets : ils sont réguliers et payés le 25 de chaque mois,
- charges sociales : elles sont payées le 15 du mois ;

- *les crédits accordés :*

- clients, pour 20 % du chiffre d'affaires : paiement comptant,
- clients, pour 40 % du chiffre d'affaires : paiement à 30 jours,
- clients, pour 40 % du chiffre d'affaires : paiement à 60 jours ;

- *la TVA est réglée le 21 du mois, avec un taux de 20,60 % sur l'intégralité des ventes ;*
- *la TVA déductible sur frais est estimée ainsi :*

- environ 1/3 des frais proportionnels est soumis à TVA à 20,60 %, 1/3 à 5,50 %, 1/3 est non soumis ;

- environ 1/4 des charges fixes est soumis à TVA à 20,60 %, 1/4 à 5,50 %, 1/2 est non soumis ;

- *la TVA sur achats, au taux de 20,60 %, est entièrement récupérable.*
- ***Renseignements complémentaires** : Production annuelle, 40 000 articles, répartie sur 12 mois*

Prix de vente unitaire HT	*220 F*
Coût de production :	
- Charges proportionnelles unitaires	
• matières premières	*82 F*
• autres charges	*24 F*

– *Charges fixes globales*

- *salaires nets* *850 000 F*
- *charges sur salaires* *570 000 F*
- *autres charges* *300 000 F*
- *amortissements* *450 000 F*

Les encours sont estimés à 100 % pour les matières et charges proportionnelles, et à 50 % pour le reste.

Dans un premier temps, nous allons évaluer à l'aide d'un tableau la partie variable de ce BFR normatif.

Postes du BFRE	**Temps d'écoulement TE**	**Coefficients de structure CS**	**Jours de CA HT**	
			Besoins	**Dégagemts**
Stock matières premières	20	82 / 220 = 0,3727	7,45	
Stock produits finis	30	(82 + 24) / 220 = 0,4818	14,45	
En cours	20	(82 + 24) / 220 = 0,4818	9,63	
Clients	36 (1)	1,206	43,41	
TVA déductible				
- sur matières	36 (2)	82 x 0,206 / 220 = 0,07678	2,76	
- sur frais proport.	36 (2)	[(8 x 0,206) + (8 x 0,055)] / 220 = 0,00949	0,34	
TVA collectée	36 (2)	0,206		7,42
Fournisseurs				
- de matières	60	82 x 1,206 / 220 = 0,4495		26,97
- de frais proport.	20	[(8 x 1,206) + (8 x 1,055) + 8] / 220 = 0,1185		2,37
			78,04	36,76
		BFR normatif partie variable : 78,04 - 36,76 = **41,28 jours de CA HT**		

(1) (30 x 40 %) + (60 x 40 %)

(2) 15 (date de créance ou de dette moyenne dans le mois) + 21

Partie fixe du BFR normatif :

Postes du BFRE	TE	Base annuelle	Partie fixe en francs
En cours	20	(850 000 + 570 000 + 300 000) / 2= 1 720 000 / 2 = 860 000	860 000 x 20 /360 = 47 778
Stock produits finis	30	1 720 000	1 720 000 x 30 / 360 = 143 333
TVA déductible	36	(300 000 x 0,25 x 0,206) + (300 000 x 0,25 x 0,055) = 19 575	19 575 x 36 / 360 = 1 957
Fournisseurs	20	(300 000 x 40 % x 0,25 x 1,206) + (300 000 x 40 % x 0,25 x 1,055) + (300 000 x 40 % x 0,50) = 127 830	127 830 x 20 / 360 = - 7 102
Salaires nets	10 (1)	850 000	850 000 x 10 / 360 = - 23 611
Charges sociales	30 (2)	570 000	570 000 x 30 / 360 = - 47 500
		BFR normatif partie fixe :	**114 855**

(1) 25 - 15 (date de dette moyenne dans le mois)
(2) 15 + 15

N.B. : Les dotations aux amortissements ont été exclues du calcul du BFR normatif.

D'où, BFR normatif = 41,28 jours de CA HT + 114 855.

Pour un chiffre d'affaires HT de référence de 8 800 000 F (= 40 000 x 220), le BFRE moyen peut donc être estimé à : (41,28 x 8 800 000 / 360) + 114 855 = 1 009 067 + 114 855 = ***1 123 922 F.***

3. LE BFRE EN AVENIR PROBABILISABLE

Avec prise en compte de l'incertitude, les durées d'écoulement sont des variables aléatoires. Dans le cadre d'un univers probabilisable (≠ d'un univers indéterminé), on supposera que ces variables aléatoires sont des variables normales indépendantes.

Marche à suivre :

– **1re étape** : Faire une estimation ponctuelle du BFRE en calculant son espérance mathématique ;

– **2e étape** : Déterminer l'écart-type du BFRE, lequel permet d'effectuer des estimations par intervalle de confiance (*cf. ci-dessous*).

On a vu précédemment qu'il était souhaitable que le BFRE soit financé par le FR. Par suite, on peut déterminer, pour un montant de BFRE donné :

– la probabilité pour que la trésorerie soit négative (ou positive), le montant du FR étant fixé ;

– le montant du FR nécessaire pour financer le BFRE, la probabilité pour que la trésorerie soit négative (ou positive) étant fixée.

Exemple : reprenons le cas TRESOR, en considérant qu'une étude plus approfondie des conditions d'exploitation a permis de constater que, parmi les durées énoncées, certaines sont variables et suivent une loi normale dont les paramètres sont les suivants :

	Durée espérée	Ecart-type
- Crédit sur achats de matières premières	60 jours	8 jours
- Crédit sur charges proportionnelles	20 jours	3 jours
- Crédit sur charges fixes	20 jours	5 jours
- Crédit clients	36 jours	12 jours
- Durée de stockage des matières premières	20 jours	4 jours
- Durée de stockage des produits finis	30 jours	5 jours
- Durée de fabrication	20 jours	3 jours

Ces variables aléatoires seront considérées comme indépendantes. Les autres éléments seront constants.

Le BFRE suit une loi normale dont la moyenne ***m*** *(espérance mathématique) est égale à 1 123 922 (cf. calculs précédents), et dont l'écart-type* σ *est à déterminer (cf. ci-après).*

Postes du BFRE	CS	Calcul de la variance	
		Partie variable	Partie fixe
Crédit achat matières	0,4495	$(8 \times 0{,}4495)^2$ = **12,93**	
Crédit charges prop.	0,1185	$(3 \times 0{,}1185)^2$ = **0,12**	
Crédit charges fixes			$(127\,830 \times 5 / 360)^2$ = **3 152 104**
Crédit clients	1,206	$(12 \times 1{,}206)^2$ = **209,44**	
Matières premières	0,3727	$(4 \times 0{,}3727)^2$ = **2,22**	
Produits finis	0,4818	$(5 \times 0{,}4818)^2$ = **5,80**	$(1\,720\,000 \times 5 / 360)^2$ = **570 679 011**
En cours	0,4818	$(3 \times 0{,}4818)^2$ = **2,09**	$(860\,000 \times 3 / 360)^2$ = **51 361 111**
		Variance = **232,60** (jours²)	**625 192 226** (francs²)

Par suite, variance totale =
$(8\,800\,000 / 360)^2 \times 232{,}60 + 625\,192\,226 \cong 139\,611 \times 10^6$

D'où : $\sigma = (139\,611)^{1/2} \times 10^3 \cong$ ***373 645.***

Le BFRE suit une loi normale de moyenne m = 1 123 922 et d'écart-type σ *= 373 645 :*

N (1 123 922, 373 645)

• *Calculons le fonds de roulement X nécessaire pour couvrir ce BFRE dans 95 % des cas.*

En utilisant la table de la fonction intégrale de la loi normale centrée réduite $\mathcal{N}(0,1)$*, on a :*

$$t = \frac{X - m}{\sigma} = \frac{X - 1\,123\,922}{373\,645} = 1{,}645.$$

[→ correspond sur la table à la probabilité de 0,95]

D'où X = (373 645 × 1,645) + 1 123 922 = ***1 738 568.***

Par conséquent, ***en fixant un FR à 1 739 KF on a alors 95 % de chances que celui-ci couvre le BFRE et donc que la trésorerie nette soit positive.***

9 FINANCEMENT ET PLACEMENT À COURT TERME

1. TYPOLOGIE DES FINANCEMENTS À COURT TERME

L'entreprise doit financer son BFRE dont les composants sont caractérisés par une période de rotation courte, et dont le niveau global subit des variations saisonnières (liées à l'activité et aux délais de stockage et de crédit) ⇒ **la partie instable du BFRE est financée de préférence par des crédits à court terme modulables selon les variations de l'activité.**

1.1. Financement hors du circuit bancaire

Crédit interentreprises : l'importance de cette source de financement est une caractéristique de l'économie française. En effet, le crédit fournisseur est le *principal moyen de financement à court terme* (il représente environ la moitié de l'endettement à court terme).

Les secteurs créanciers (prêteurs) sont ceux qui fournissent des biens et des services à des entreprises transformatrices ou distributrices situées en aval, lesquelles constituent les secteurs débiteurs (emprunteurs).

Obligations cautionnées : permettent de régler la TVA ou les droits de douane avec un certain retard (4 mois maximum pour la TVA). Comparables à des effets, leur montant intègre le principal et les intérêts dus (taux relativement stable fixé par arrêté).

Le débiteur doit obtenir la caution d'une banque ou d'une société de caution mutuelle.

Affacturage : la créance est transmise à une société spécialisée (le « factor ») qui en devient propriétaire. Celle-ci se charge dès lors du recouvrement de la créance et supporte en totalité le risque de non-paiement.

L'affacturage a donc généralement trois fonctions : le financement des créances clients, leur garantie de paiement et leur gestion.

– La commission d'affacturage s'applique au montant TTC des factures prises en charge par le factor (rémunération du travail et de la prise de risques) ;
– lorsque le factor assure lui-même le préfinancement, il perçoit en sus une commission calculée sur le volume effectif de ce financement (commission spéciale de financement dépendant du coût de l'argent, et calculée *prorata temporis*).

La contrepartie des avantages offerts par l'affacturage est donc le *coût relativement élevé* de cette modalité de financement.

Billets de trésorerie et bons à moyen terme négociables : Ces titres de créances négociables constituent pour les grandes entreprises un moyen de financement hors du circuit bancaire (désintermédiation) à la fois *souples* (échéances et montants adaptables) et de *faible coût* (le moins cher des crédits accessibles aux entreprises).

Ils sont émis sur le compartiment du marché monétaire réservé aux titres de créances négociables.

1.2. Financement bancaire par mobilisation de créances commerciales

Il constitue la principale source « payante » de financement des besoins d'exploitation.

L'escompte : a comme support les effets de commerce (lettres de change ou billets à ordre) utilisés comme mode de règlement. L'entreprise qui a besoin de fonds transmet à la banque, en les endossant, les effets qu'elle désire mobiliser. La banque crédite le compte de l'entreprise du montant des effets, déduction faite des agios qu'elle prélève pour se rémunérer ; elle sera remboursée de son crédit à l'échéance de la créance (en cas de non-paiement, la banque se retourne contre l'entreprise).

Pour les entreprises, l'escompte des effets est un mode de financement simple et facile car les banques accordent ce crédit auto-liquidatif rapidement et avec le minimum de formalités.

Pour les banques, l'avantage de la sécurité de l'escompte d'une lettre de change ou d'un billet à ordre relevé (LCR ou BOR) est cependant compensé par les frais élevés de traitement des effets papier.

Le crédit de mobilisation des créances commerciales (CMCC) : possède une assiette plus large que l'escompte, puisque le montant des créances est mobilisable quel que soit le mode de règlement utilisé. Sa mise en place se fait par création d'un billet financier émis à l'ordre d'une banque et représentatif d'un ensemble de créances dont les échéances s'échelonnent sur une dizaine de jours au maximum.

Le CMCC a rencontré peu de succès compte tenu de la faiblesse des garanties offertes aux banques.

Le crédit Dailly : a été créé plus récemment afin de pallier les inconvénients du CMCC.

Il permet à une entreprise d'obtenir un crédit de sa banque en lui cédant, *en propriété ou en nantissement*, un ensemble de créances professionnelles à l'aide d'un bordereau unique.

Dans le cas d'une cession, les créances sont encaissées par la banque, tandis que dans le cas du nantissement, c'est l'entreprise qui se charge d'encaisser les créances. Comme dans le cas de l'escompte des effets de commerce, l'entreprise est garante envers la banque des créances qu'elle lui a cédées ou données en nantissement.

Le crédit est obtenu sous la forme :

– soit d'un crédit d'escompte (cas d'un bordereau de cession, souvent jumelé avec une LCR magnétique) ;

– soit d'une avance en découvert (cas d'un bordereau de nantissement).

Le crédit de mobilisation des créances nées sur l'étranger (MCE) : financement à des *coûts avantageux* des créances export (délais de paiement allant jusqu'à 18 mois). Ce crédit nécessite l'accord préalable de la Compagnie française d'assurance pour le commerce extérieur (COFACE).

1.3. Financement bancaire par crédits de trésorerie

Ils ont parfois pour objet de financer des *besoins spécifiques* (crédit de campagne, crédit de stockage, crédits de préfinancement des marchés publics...). Cependant, le plus souvent, ils sont accordés pour financer un besoin non spécifié (→ *prêts non affectés*) ; cela signifie que le bénéficiaire peut disposer du crédit et l'utiliser comme il le souhaite, sans avoir à donner la moindre justification à la banque.

Les crédits de trésorerie sous forme de billets : la réalisation du crédit se fait par mobilisation de billets renouvelables d'une durée minimale de 10 jours et maximale de 90 jours. Les intérêts sont *précomptés.*

Les crédits de trésorerie par avance en compte (ou découvert) : forme **la plus souple** de crédit de trésorerie, puisque le financement s'adapte strictement au besoin à financer. La durée du découvert peut être très brève (« passer » une échéance) et constituer ainsi une *facilité de caisse*. Elle peut également s'étendre sur plusieurs mois et se substituer aux autres formes de crédits bancaires courants ; l'entreprise négocie alors un *plafond de découvert*.

Les agios sont prélevés à la fin de chaque trimestre : il s'agit donc d'intérêts *post-comptés* sur ticket d'agios trimestriel.

2. PLACEMENTS À COURT TERME

L'entreprise peut dégager des excédents de trésorerie. Il faut alors trouver les placements adaptés à la durée prévisible de ces excédents. S'agissant de placements « courts » (de quelques jours à quelques mois), **la sécurité sera privilégiée** (arbitrage rentabilité-risque).

2.1. Rémunération fixe pour une durée préétablie

Compte à terme et bon de caisse : dépôt d'une somme d'argent (blocage) ou achat d'un bon pour une période déterminée (≥ 1 mois). La rémunération, négociée dès l'origine, est modulée en fonction du montant et de la durée du placement.

Le risque en capital est nul ; il y a, par contre, des pénalités en cas de retrait ou de rachat anticipé.

Titres de créances négociables (TCN) : Certificats de dépôts, billets de trésorerie, bons du Trésor négociables. Les principales caractéristiques des TCN sont les suivantes :

- durée minimale de 10 jours ;
- montant minimum 1 MF ;
- négociable avant l'échéance sur le marché secondaire ;
- rémunération sur la base du taux de l'argent sur le marché monétaire pour la durée de placement considérée.

Si le TCN est porté jusqu'à son échéance, il n'y a pas de risque de taux. Par contre, si le TCN est cédé sur le marché secondaire, la rémunération va dépendre de l'évolution du marché monétaire : si les taux ont monté, le rendement final du placement pour le souscripteur sera moindre que celui représenté par le taux nominal ; dans le cas inverse (baisse des taux) il sera plus élevé.

2.2. Rémunération variable liée au marché monétaire

Par l'acquisition (puis la cession) de titres d'organismes de placement collectif en valeurs mobilières (OPCVM).

Les OPCVM monétaires, SICAV (sociétés d'investissement à capital variable) et fonds communs de placement (copropriétés de valeurs mobilières), ont leurs actifs investis essentiellement dans des valeurs « monétaires » du type bons du Trésor, certificats de dépôt négociables ou billets de trésorerie.

Pour « doper » les performances, les gestionnaires de ces OPCVM font parfois rentrer dans le portefeuille d'actifs des obligations à taux variable ou des obligations à taux fixe mais à échéance rapprochée (donc moins sensibles aux variations de taux).

10 COÛT DES FINANCEMENTS À COURT TERME

1. LES CONDITIONS BANCAIRES

1.1. Les conditions de taux

Le taux nominal appliqué pour évaluer les frais financiers comprend comme élément essentiel le **taux de base bancaire** (TBB) ou le **PIBOR** (*Paris interbank offered rate*).

Le TBB est en quelque sorte le prix de vente de base des crédits à court terme. C'est ce taux qui détermine, par différence avec le taux du marché monétaire, l'essentiel de la marge bénéficiaire de la banque, issue de l'octroi des crédits.

Pour les grandes entreprises, le TBB est le plus souvent remplacé par le PIBOR (ou TIOP : taux interbancaire offert sur Paris) dont la liaison avec les conditions du marché monétaire est beaucoup plus immédiate ; la référence au PIBOR entraînant une réduction tangible de la marge bancaire.

– **Taux d'escompte = TBB (ou PIBOR) + commission d'endos (1) + majoration spécifique à l'escompte (2) + majoration catégorielle (3)**

(1) destinée à rémunérer le travail d'escompte des effets (= 0,60 %).

(2) en principe égale à 0,40 %.

(3) fonction du risque présenté par l'entreprise (critères d'appréciation : taille, profitabilité, endettement...).

– **Taux du découvert = TBB (ou PIBOR) + majoration spécifique au découvert (1) + majoration catégorielle (2)**

(1) en principe égale à 1,45 %.

(2) amplitude plus élevée que pour l'escompte, compte tenu du caractère subjectif de ce type de concours.

1.2. Les commissions (hors commissions fixes - dites de manipulation - sur escompte d'effets de commerce)

La commission de plus fort découvert (CPFD) : est égale à **0,05 % (**ou 1/2000e) du plus fort découvert du mois (plafonnée à la moitié des intérêts débiteurs du mois). Elle est payée chaque trimestre sur les plus forts découverts de chaque mois ⇒ l'impact de la CPFD est minimum lorsque l'entreprise connaît un découvert permanent et constant, maximum lorsque ce découvert est limité à une seule journée.

La commission de mouvement (ou commission de compte) : est égale à **0,025 %** (ou 1/4000e) de l'ensemble des opérations portées au débit (virements de compte à compte dans le même établissement et agios exclus).

N.B. : La commission de mouvement est soumise, comme les commissions de manipulation sur escompte d'effets, à la TVA au taux normal ; par contre, la commission de plus fort découvert n'y est pas soumise.

1.3. Les conditions de jours de valeur

Les jours de valeur correspondent au temps écoulé entre la date à laquelle une opération de débit ou de crédit est effectuée et la date à laquelle cette opération est prise en compte par la banque, c'est-à-dire sa **date de valeur.**

D'une manière générale, on peut dire que les mouvements créditeurs (recettes) sont pris en compte, c'est-à-dire crédités en valeur par les banques, **après** la date de l'opération. A l'inverse, les mouvements débiteurs (dépenses) sont pris en compte, c'est-à-dire débités en valeur, **avant** la date d'opération.

• L'**heure de caisse** est l'heure à laquelle se termine la journée bancaire (i.e. l'heure à partir de laquelle la date de l'opération n'est plus aujourd'hui mais demain). Cette heure de caisse est variable selon les établissements et les agences (de 11 heures à 16 heures).

• Jours **ouvrés** et jours **calendaires** : toutes les opérations de débit sont exprimées en jour calendaire, alors qu'une partie des opérations de crédit est exprimée en jour ouvré (cas des remises de chèques en banque).

• Conditions **standard** et conditions **appliquées** : les conditions standard servent de référence à toute négociation sur les jours de valeur entre une entreprise et son banquier.

Opérations	Dates de valeur (conditions standard)
Mouvements créditeurs :	
Versement d'espèces	Date d'opération
Remise de chèque sur caisse	Date d'opération + 1 jour ouvré
Remise de chèque sur place	Date d'opération + 2 jours ouvrés
Remise de chèque hors place	Date d'opération + 5 jours ouvrés
Virement reçu	Date de réception + 1 jour calendaire
Effet à l'encaissement	Date d'échéance + 4 jours calendaires (si remise au moins 6 jours avant l'échéance, sinon date de remise + 10 jours)
Effet à l'escompte	Date de remise + 1 jour calendaire
Mouvements débiteurs :	
Retrait d'espèces	Date d'opération
Virement émis	Date d'opération - 1 jour calendaire
Chèque émis	Date de compensation - 2 jours calendaires
Effet domicilié	Veille de présentation de l'effet
Retour d'effet impayé	Veille de l'échéance

Le ***float*** relatif à une opération de crédit est le nombre de jours où l'argent est à la disposition de la banque réceptrice, et non encore crédité en valeur sur le compte de l'entreprise. L'entreprise aura d'autant plus de facilités à négocier une condition préférentielle portant sur les crédits que le *float* relatif à l'opération sera plus important pour la banque. Dans cet esprit, la négociation relative aux chèques hors place et aux effets à l'encaissement est à privilégier.

Le *float* relatif aux opérations de débit se limitant le plus souvent à un jour calendaire, la négociation sur les mouvements de dépenses est logiquement plus difficile.

2. LE COÛT RÉEL DES CRÉDITS À COURT TERME

Le taux réel du crédit est le taux de revient qui mesure le coût effectif du crédit. Il inclut toutes les majorations (ou minorations éventuelles) qui viennent augmenter (ou diminuer) le taux d'intérêt nominal (ou taux apparent) : jours de banque, net escompte, année bancaire, impact des commissions, gain propre à l'utilisation de l'escompte.

2.1. Notion de taux effectif global (TEG)

Pour juger si un prêt est usuraire ou non, il faut déterminer son TEG. Le calcul du TEG d'un prêt repose sur l'équivalence, à intérêts composés, entre les sommes prêtées et tous les versements dus par l'emprunteur au titre de ce prêt.

Exemple : Extrait d'une proposition de vente par correspondance (datant de la fin des années 80). « Prix comptant : un seul versement de 2 990 F + 93,75 F de frais d'envoi, soit 3 083,75 F à la livraison.

A crédit : 13 versements mensuels de 260 F, le premier à la livraison.

Frais de crédit : 296,25 F. TEG = 18,83 % »

– Vérification du TEG : soit i le taux mensuel actuariel. On a l'égalité :

$$260 \times \frac{1 - (1 + i)^{-12}}{i} = 3\ 083{,}75 - 260 \qquad \text{D'où } i = 1{,}569\ \%$$

Et par suite, TEG = 1,569 % × 12 = *18,83 %* → *taux annuel proportionnel*

N.B. : Dans le cadre de l'harmonisation européenne, le calcul du TEG devrait normalement se faire au taux annuel équivalent.

Dans le cas d'espèce, le TEG ressortirait alors à : $(1{,}01569)^{12} - 1 = 20{,}54\ \%$.

2.2. Coût réel des principaux crédits bancaires courants

Pour cerner ce coût, nous prendrons le cas d'une PME qui se trouve fin avril dans la situation de devoir financer un besoin supplémentaire à court terme d'environ 50 000 F, sur la période allant du 4 mai au 10 juin inclus. Pour ce faire, elle dispose de trois modes de financement possibles :

- l'escompte d'un effet de commerce,
- la mobilisation d'un crédit de trésorerie sous forme d'un billet financier,
- l'utilisation du découvert bancaire.

– **Cas de l'escompte** : Il s'agit d'un effet de 50 000 F dont l'échéance est au 7 juin. Cet effet est remis à l'escompte le 3 mai, crédité le 4 (i.e. le lendemain). Le taux d'intérêt nominal est de 10 % (commission d'endos incluse). Le nombre de jours d'agios décomptés, correspondant aux conditions standard, est égal à :

Date d'échéance - date de remise + 1 jour de banque = 36 jours

le montant des frais financiers (intérêts et endos) s'élève à :

$$50\ 000 \times 10\ \% \times 36 / 360 = 500 \text{ F.}$$

A ces frais se rajoute une commission fixe de 20 F HT par effet. D'où un total d'agios de 520 F hors taxes venant en déduction du montant crédité en compte le 4 mai, soit un **net escompte** de :

$$50\ 000 - 520 = 49\ 480 \text{ F.}$$

N.B. : la TVA facturée sur la commission fixe n'est pas à prendre en compte dans la mesure où elle est récupérable.

La durée du crédit s'étend du 4 mai (date du crédit) à la date d'encaissement initialement prévue de l'effet, soit le 11 juin compte tenu des quatre jours de valeur (*cf. tableau des conditions standard en dates de valeur*). Le financement porte donc sur une durée réelle de 38 jours, le 11 juin n'étant pas inclus (= date de crédit en valeur de l'effet à l'encaissement).

La durée du crédit est de 38 jours, pour seulement 36 jours facturés (→ **avantage inhérent à l'escompte**).

Par suite, en appelant t_1 le taux réel de l'escompte, nous avons :

$$49\ 480 \times t_1 \times 38 / 365 = 520 \qquad \Rightarrow t_1 \cong \mathbf{10{,}09\ \%}.$$

Décomposition du passage du taux nominal (taux affiché) au taux réel :

$$10\ \% \times \underset{(1)}{50\ 000 / 49\ 480} \times \underset{(2)}{520 / 500} \times \underset{(3)}{365 / 360} \times \underset{(4)}{36 / 38} \cong 10{,}09\ \%.$$

(1) Surcoût du net escompte.

(2) Surcoût dû à l'impact de la commission fixe.

(3) Surcoût dû à l'impact des 360 jours bancaires.

(4) Gain inhérent à l'escompte.

• Le calcul précédent est un calcul « classique » en termes de **taux proportionnel**, selon le principe des intérêts simples. Il est possible de calculer le **taux actuariel** correspondant à cette opération de crédit. Le calcul actuariel, basé sur le principe des intérêts composés, permet de mieux faire ressortir l'incidence du temps, et de prendre en compte un facteur supplémentaire de surcoût qui est la capitalisation des agios.

En appelant t_1^* ce taux actuariel, nous avons :

$$49\ 480 = \frac{50\ 000}{(1 + t_1^*)^{38/365}} \Rightarrow t_1^* \cong \mathbf{10{,}56\ \%}.$$

– **Cas du billet financier** : Il s'agit d'un billet financier de 50 000 F remis en compte le 3 mai et crédité en valeur le 4, au taux nominal de 10 %. L'échéance a lieu le 11 juin, jour où le billet sera débité en valeur (il est éventuellement renouvelable à cette date). Le nombre de jours d'agios est égal à :

Date d'échéance - date de remise + 1 jour de banque = 40 jours.

Le montant des intérêts précomptés est de : $50\,000 \times 10\,\% \times 40 / 360 = 555{,}56$ F.

Ce qui nous donne un net escompte de : $50\,000 - 555{,}56 = 49\,444{,}44$ F.

A ces intérêts se rajoute la commission de mouvement qui s'applique *a priori* sur les tombées de billets financiers, soit ici : $50\,000 \times 0{,}025\,\% = 12{,}50$ F hors taxes (*débités le 30 juin sur ticket d'agios trimestriel*) $\Rightarrow$ Total des agios HT liés à la mobilisation du billet : 568,06 F.

La durée réelle de mise à disposition des fonds se termine le 10 juin, puisque le débit en valeur intervient le 11. La durée réelle financée est donc de 38 jours pour 40 facturés par la banque ($\rightarrow$ **2 jours de banque** ou, d'une manière équivalente, **1 jour de banque + 1 jour de valeur)**.

Par suite, en appelant t_2 le taux réel de mobilisation du billet financier, nous avons :

$49\,444{,}44 \times t_2 \times 38 / 365 = 568{,}06 \qquad \Rightarrow t_2 \cong$ **11,04 %.**

Décomposition du passage du taux affiché au taux réel :

$10\,\% \times 50\,000 / 49\,444{,}44 \times 568{,}06 / 555{,}56 \times 365 / 360 \times 40 / 38 \cong 11{,}04\,\%$.

(1) (2) (3) (4)

(1) Surcoût du net escompte.

(2) Surcoût dû à l'impact de la commission de mouvement.

(3) Surcoût dû à l'impact des 360 jours bancaires.

(4) Surcoût des jours de banque.

• Calcul du taux actuariel t_2^* correspondant, sachant que :

$$49\,444{,}44 = 50\,000\,(1 + t_2^*)^{-38/365} + 12{,}50\,(1 + t_2^*)^{-58/365}$$

Le calcul de t_2^* se fait par itération (approximations successives). Sur micro-ordinateur, l'utilisation d'un logiciel tableur (outil « **valeur cible** ») rend aisé ce type de calcul. Dans le cas d'espèce, $t_2^* \cong$ **11,60 %.**

– **Cas du découvert bancaire** : Le financement de 50 000 F est assuré par un découvert en compte sur la période allant du 4 mai au 10 juin inclus, au taux nominal de 10,50 % (compte tenu d'une majoration spécifique). On supposera le découvert remboursé le 11 juin.

En ce qui concerne ce mode de financement, le nombre de jours de crédit est toujours égal au nombre de jours pris en compte par le banquier pour calculer les intérêts dus (ici, 38 jours).

Calcul des agios (*débités le 30 juin sur ticket d'agios trimestriel*) :

- Intérêts débiteurs : $50\,000 \times 10{,}50\,\% \times 38 / 360 = 554{,}17$

- CPFD (sur mai & juin) : (50 000 + 50 000) × 0,05 % = 50,00

Total : 604,17

Par suite, en appelant t_3 le taux de revient du découvert, nous avons :

$50\ 000 \times t_3 \times 38 / 365 = 604{,}17 \Rightarrow t_3 \cong 11{,}61\ \%$.

Décomposition du passage du taux nominal au taux réel :

$10{,}50\ \% \times 604{,}17 / 554{,}17 \times 365 / 360 \cong 11{,}61\ \%$.

(1) (2)

(1) Surcoût dû à l'impact de la CPFD.

(2) Surcoût dû à l'impact des 360 jours bancaires.

• Calcul du taux actuariel t_3^* correspondant, sachant que :

$50\ 000 = 50\ 000\ (1 + t_3^*)^{-38/365} + 604{,}17\ (1 + t_3^*)^{-58/365}$

D'où, $t_3^* \cong$ **12,15 %.**

> Dans le cas de cette PME, l'écart le plus important entre taux apparent et taux réel concerne le financement par billet financier : + **16 %** de surcoût en mode actuariel, contre + **5,6 %** pour l'escompte et + **15,71 %** pour le découvert.

Ici, la différence a été déterminante sur les conditions de banque (à savoir nombre de jours d'agios / nombre de jours de crédit) : le billet financier fait perdre 2 jours d'agios par rapport au découvert (→ 40 jours d'agios pour 38 jours de crédit), alors qu'à l'inverse l'escompte en fait gagner 2 (→ 36 jours d'agios pour 38 jours de crédit).

Par ailleurs :

- le découvert est pénalisé par une CPFD sur deux mois ;
- tandis que l'escompte est favorisé par la faible incidence de la commission fixe compte tenu du montant élevé de l'effet.

Dans d'autres situations, les facteurs suivants peuvent être décisifs :

• montant à financer,

• durée du besoin de financement,

• date d'apparition de ce besoin,

• prise en compte de conditions négociées.

En ce qui concerne l'escompte, il faut également savoir que la banque décompte **au minimum 10 jours d'agios**. Il convient donc d'éviter les remises à l'escompte d'effets dont l'échéance est à moins de 10 jours.

11 BUDGET ET PLAN DE TRÉSORERIE

Les prévisions à court terme s'effectuent sur deux horizons : l'horizon annuel fixant le cadre de la gestion de trésorerie (**budget et plan de trésorerie**), et l'horizon à très court terme nécessaire à la **gestion au jour le jour** des comptes bancaires (→ gestion prévisionnelle en date de valeur, cf. Thème 12).

1. BUDGET DE TRÉSORERIE

Le *budget de trésorerie* réalise le glissement des dates d'engagement des différents budgets (d'exploitation, d'investissement et des opérations financières) en prévisions d'encaissements et de décaissements.

1.1. Quelques précisions

• Les **charges non décaissables** et **les produits non encaissables** n'apparaissent pas dans les sommes considérées ;

• **Clients et fournisseurs** : les montants correspondants, ainsi que les achats et les ventes effectués au comptant, sont pris pour leur valeur TTC ;

• **TVA à décaisser** : il convient d'appliquer le bon critère (livraison ou encaissement du prix) pour trouver le mois d'exigibilité de la TVA. La TVA calculée est - sauf cas de règlement par obligations cautionnées - réglée le mois suivant. Un crédit de TVA s'impute sur la TVA collectée du mois suivant (tenir compte des règles de remboursement de crédits de TVA, notamment en ce qui concerne les entreprises exportatrices).

1.2. Présentation schématique d'un budget de trésorerie

(les lignes d'encaissement / décaissement sont données à titre indicatif)

ÉLÉMENTS	JANVIER	FÉVRIER	MARS	......
Encaissements : Recettes sur ventes de marchandises Recettes sur ventes de produits finis Autres recettes d'exploitation Cessions d'immobilisations Apports en fonds propres Nouveaux emprunts à long ou moyen terme Recettes diverses hors exploitation				
Total des encaissements (1)				
Décaissements : Paiements fournisseurs d'exploitation Salaires versés Charges sociales et fiscales décaissées Autres dépenses d'exploitation TVA décaissée Investissements réglés Remboursement d'emprunts Dividendes versés Dépenses diverses hors exploitation				
Total des décaissements (2)				
Variation mensuelle (3) = (1) - (2)				
Solde début de mois (4)		XXX	YYY	
Solde fin de mois (5) = (4) + (3)	XXX	YYY		

Le budget de trésorerie permet de vérifier, globalement, s'il y a cohérence entre fonds de roulement et besoin en fonds de roulement. Si le budget de trésorerie est alternativement légèrement excédentaire et légèrement déficitaire, il traduit une situation qui peut être qualifiée de « normale ». Dans le cas contraire, il exprime une **inadéquation** du FR au BFR.

2. PLAN DE TRÉSORERIE

Le plan de trésorerie permet le rééquilibrage des soldes prévisionnels de trésorerie (cf. budget de trésorerie) par la mobilisation des crédits à court terme à la disposition de l'entreprise (ou le placement temporaire de liquidités excédentaires). Il s'agit donc en l'occurrence de la simple préparation de décisions qui devront être prises le moment venu.

N.B. : Ce rééquilibrage n'est cependant pas neutre en termes de résultats prévisionnels, car il génère des charges et des produits financiers qu'il convient normalement de budgéter.

Exemple : Le directeur financier de l'entreprise ABC a établi le plan de trésorerie pour le 1er semestre de l'année N + 1 (en KF).

	Janvier	Février	Mars	Avril	Mai	Juin
Trésorerie début de mois	(180)	(198)	(194)	(197)	(2)	3
+ Encaissements	800	750	840	875	920	725
- Décaissements	(970)	(780)	(750)	(610)	(615)	(965)
- Effets escomptés échus (nominal)		(100)	(80)			
- Billets financiers échus (nominal)			(70)	(70)	(70)	
- Ticket d'agios trimestriel			(5)			(1)
Trésorerie avant rééquilibrage	(350)	(328)	(259)	(2)	233	(238)
+ Effets escomptés (net)	90	72				
+ Mobilisation de billets renouvelables (net)	62	62	62			
+ Cessions de SICAV monétaires						231
- Acquisitions de SICAV monétaires					(230)	
Trésorerie fin de mois	(198)	(194)	(197)	(2)	3	(7)

Commentaires sur l'établissement du plan de trésorerie :

- *les lignes « encaissements » et « décaissements » sont issues du budget de trésorerie de l'année N + 1 ;*
- *l'entreprise ABC privilégie le découvert bancaire en raison de sa souplesse (plafond de découvert autorisé : 200 KF) ;*
- *le ticket d'agios concerne les intérêts débiteurs, la CPFD et la commission de mouvement du trimestre ;*
- *le placement temporaire en SICAV monétaires dégage une plus-value de cession de 1 KF.*

12 LA GESTION DE TRÉSORERIE

1. LA TRÉSORERIE AU JOUR LE JOUR

Le budget de trésorerie fournit des informations trop globales pour optimiser la gestion de trésorerie.

L'objectif d'une gestion de trésorerie au jour le jour étant de tendre vers une **trésorerie** zéro, le trésorier ne doit pas se contenter de rechercher les meilleurs financements et placements à court terme, il doit également utiliser tous les moyens susceptibles de minorer les frais financiers (nets des revenus de placements de trésorerie).

Diagnostic d'un système de gestion de trésorerie

Les erreurs qui peuvent être commises en matière de gestion de trésorerie, et qui sont source d'un accroissement de frais financiers (= perte de valeur pour l'entreprise), sont de trois types :

1.1. L'erreur d'équilibrage ou coût de non compensation ou coût du déséquilibre interbancaire

Illustration : comptes courants bancaires de l'entreprise X (soldes en valeur).

Banque A

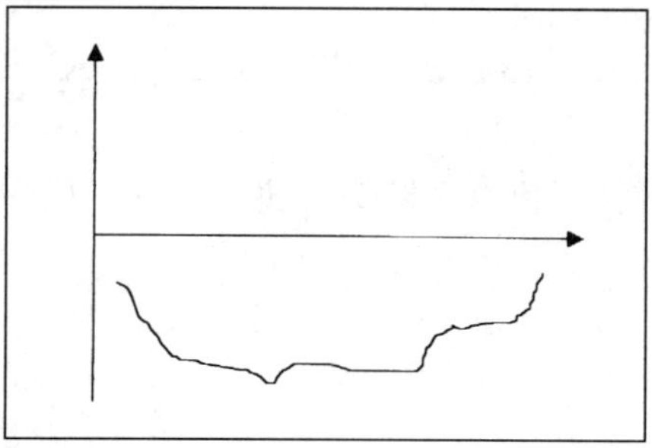

Banque B

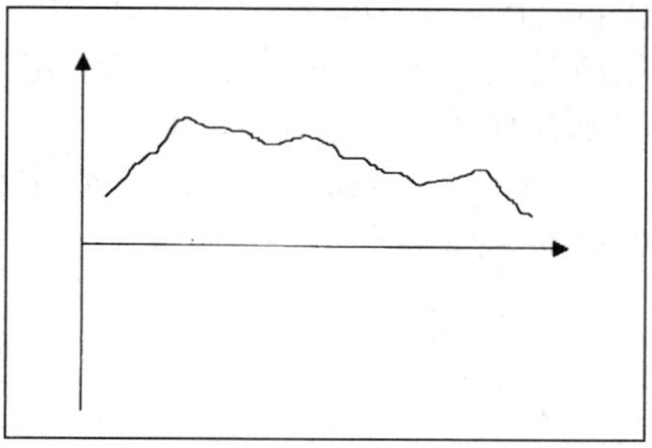

L'existence de **contre-phases** (solde débiteur dans une banque et créditeur dans une autre au même moment) a un impact évident sur les frais financiers dans la mesure où les soldes débiteurs sont générateurs d'agios, alors que les soldes créditeurs ne sont pas rémunérés.

D'où l'importance d'un *suivi des soldes en date de valeur* (position en valeur) et non en date d'opération (solde comptable).

• Il est possible de définir l'erreur d'équilibrage par la différence entre les frais financiers qui ont été effectivement payés du fait des découverts enregistrés, et les frais financiers qui auraient dû être payés si les compensations adéquates entre les banques avaient été effectuées.

Par conséquent, on peut dire que :

Coût de non compensation = Coût du découvert avant compensation - Coût du découvert après compensation

• Etablissement de la **banque fictive** : obtenue en effectuant jour par jour la somme algébrique des soldes en valeur des banques où l'entreprise entretient un compte courant (établissement à partir des *échelles d'intérêts* fournies par les organismes bancaires).

Exemple :

Banques	Nombres débiteurs	Cion plus fort découvert	Nombres créditeurs
Crédit Agricole Paribas Société Générale			
TOTAL :	N_d	CPFD	N_c
Banque fictive	$N_{d'}$	CPFD'	$N_{c'}$

Coût de non compensation = $(N_d - N_{d'})\ T_d / 360 + (CPFD - CPFD')$

avec T_d : taux du découvert

1.2. L'erreur de surmobilisation (après compensation) ou coût du sur-équilibre (après compensation)

Une fois les contre-phases (théoriquement) éliminées, l'existence de soldes créditeurs importants traduit :

– soit un recours superflu à l'escompte ou à d'autres crédits court terme ;
– soit un défaut de placement.

D'où, frais financiers superflus (→ gaspillage de ressources) ou absence de produits financiers (→ manque à gagner).

Coût de surmobilisation après compensation = $\mathbf{N_{c'} \times T_e / 360}$

avec T_e : taux d'escompte

N.B. : prendre le taux de placement s'il y a défaut de placement.

• L'erreur de surmobilisation a un *coût très élevé* dans la mesure où elle revient à faire payer les soldes créditeurs au taux des crédits à court terme utilisés (financement superflu), ou à subir un manque à gagner du fait du non placement de liquidités excédentaires.

1.3. L'erreur de sous-mobilisation (après compensation) ou coût du sous-équilibre (après compensation)

Liée à l'existence de soldes débiteurs après compensation. C'est généralement l'erreur *la moins coûteuse* du point de vue des frais financiers. En effet, cette erreur peut être évitée par un recours supplémentaire à l'escompte ou à tout autre crédit s'avérant moins cher que le découvert.

Coût de sous-mobilisation après compensation =
[Nd' (Td - Te) / 360] + CPFD'

Par suite, nous avons :

Coût total du déséquilibre =
Coût de non compensation + Coût de surmobilisation après compensation + Coût de sous-mobilisation après compensation

Pour vérification, nous avons également l'égalité suivante :

Coût total du déséquilibre =
Coût de surmobilisation avant compensation + Coût de sous-mobilisation avant compensation

Pratiquement on considère que, pour une entreprise gérant sa trésorerie en date comptable de façon classique et mettant en place un **système rationnel de gestion en date de valeur**, il est possible de réaliser *70 à 75 % des économies théoriques.*

Tout solde créditeur traduisant un sur-financement et tout solde débiteur un défaut de financement, le **solde zéro** se présente donc comme *l'optimum de la gestion de trésorerie* qui doit être recherché en permanence.

Application : L'entreprise CASH travaille avec deux banques (BNP et CCF). A partir des échelles d'intérêts du mois de septembre, le directeur financier a fait dresser un état aboutissant à la banque fictive (les sommes sont arrondies au millier de francs) :

Jours du mois	Nombres		Nombres après compensation (banque fictive)
	BNP	CCF	
1	+ 225	- 182	+ 43
2	+ 48	- 61	- 13
3	- 103	+ 79	- 24
4	- 440	+ 204	- 236
5	+ 99	+ 50	+ 149
6	+ 52	+ 48	+ 100
7	+ 421	- 300	+ 121
8	+ 334	- 300	+ 34
9	+ 318	- 302	+ 16
10	- 220	- 302	- 522
11	- 467	+ 75	- 392
12	- 672	+ 75	- 597
13	**- 850**	+ 149	**- 701**
14	- 801	+ 347	- 454
15	- 502	+ 353	- 149
16	- 52	+ 198	+ 146
17	- 128	- 20	- 148
18	- 130	- 159	- 289
19	- 232	- 160	- 392
20	- 204	**- 365**	- 569
21	- 103	- 307	- 410
22	- 22	- 307	- 329
23	+ 186	- 203	- 17
24	+ 249	- 199	+ 50
25	+ 171	- 52	+ 119
26	+ 175	- 47	+ 128
27	+ 150	+ 129	+ 279
28	+ 118	+ 80	+ 198
29	+ 118	+ 204	+ 322
30	+ 192	+ 305	+ 497
Total des nombres créditeurs	**2 856**	**2 296**	**2 202**
Total des nombres débiteurs	**4 926**	**3 266**	**5 242**

Dans le cadre d'un diagnostic du système actuel de gestion de trésorerie de l'entreprise, il vous est demandé d'évaluer pour le mois de septembre :

– le coût de non compensation,

– le coût de surmobilisation (après compensation),

– le coût de sous-mobilisation (après compensation).

Il conviendra de prendre en compte les conditions suivantes :
taux du découvert = ***8 %*** *et taux d'escompte =* ***7,5 %****.*

Coût de non compensation = Coût du découvert avant compensation - Coût du découvert après compensation

Soit :

$$\left[\frac{(4\,926 + 3\,266)}{360} \times 8\,\% + (850 + 365) \times 0{,}05\,\%\right] - \left[\frac{5\,242}{360} \times 8\,\% + (701 \times 0{,}05\,\%)\right]$$

= 2,42794 - 1,51539 = **0,91255 KF.**

Coût de surmobilisation après compensation :

$$\frac{2\,202}{360} \times 7{,}5\,\% = \mathbf{0{,}45875\ KF.}$$

Coût de sous-mobilisation après compensation :

$$\frac{5\,242}{360} \times (8\,\% - 7{,}5\,\%) + (701 \times 0{,}05\,\%) = \mathbf{0{,}42331\ KF.}$$

Par suite, le coût total du déséquilibre pour le mois de septembre est égal à :

912,55 + 458,75 + 423,31 = **1 794,61 F.**

Vérification en calculant les coûts de surmobilisation et de sous-mobilisation avant compensation (en KF) :

Coût de surmobilisation avant compensation :

$$\frac{(2\,856 + 2\,296)}{360} \times 7{,}5\,\% = \qquad \mathbf{1{,}07333}$$

Coût de sous-mobilisation avant compensation :

$$\frac{(4\,926 + 3\,266)}{360} \times 0{,}5\,\% + (850 + 365) \times 0{,}05\,\% = \mathbf{0{,}72128}$$

Total : **1,79461**

Le coût total du déséquilibre correspond bien à la somme des coûts de surmobilisation et de sous-mobilisation avant compensation.

On vérifie également et fort logiquement que :

Coût de non compensation = Coûts de sur et de sous-mobilisation avant compensation - Coûts de sur et de sous-mobilisation après compensation.

Mise en place et suivi d'un système de gestion en (date de) valeur

S'il est essentiel de connaître la position au jour le jour en valeur, il est intéressant de posséder un bon éclairage sur l'avenir assez proche pour optimiser les décisions de trésorerie.

On distingue alors deux types de gestion en date de valeur :

- **une gestion en valeur « au jour le jour »** devant permettre la connaissance du solde en valeur du jour ;
- **une gestion en valeur « prévisionnelle »** sur un horizon glissant de 30 jours permettant, outre la connaissance du solde en valeur du jour, une prévision des soldes en valeur sur les 30 jours de l'horizon.

La gestion prévisionnelle, plus complète, requiert des moyens (humains et informatiques) plus importants.

Fiche de suivi de trésorerie : Le suivi d'une trésorerie en date de valeur nécessite une transposition pour tous les mouvements de recettes et de dépenses, des dates d'opération en dates de valeur.

La fiche de suivi de trésorerie, de nature extra-comptable, doit permettre une détermination du solde en valeur au jour le jour (une fiche par banque). Le positionnement correct des sommes nécessite la connaissance précise des conditions de banque appliquées (négociées ou standard). Pour éviter des erreurs, on peut griser les jours au cours desquels il ne peut y avoir certains débits ou certains crédits.

Exemple de fiche de suivi de trésorerie :

BANQUE : ....   MOIS : ....

Mouvements en KF	Lundi 1er	Mardi 2	Mercredi 3	Jeudi 4	Vendredi 5	Samedi 6	Dimanche 7	...
RECETTES Remise chèques sur place Remise chèques hors place Remise d'espèces Effets à l'encaissement Avis de prélèvement Virements reçus Autres								
TOTAL recettes								
DÉPENSES Petits chèques émis Gros chèques émis Effets domiciliés Virements émis Autres								
TOTAL dépenses								
SOLDE avant décisions								
DÉCISIONS : - Escompte - Crédit de trésorerie - Crédit moyen terme - Placement -								
SOLDE après décisions								

Gestion de la trésorerie prévisionnelle en date de valeur : dans les grandes entreprises, cette gestion incombe au **trésorier**.

Si les dépenses peuvent en général être assez bien maîtrisées sur un horizon de 30 jours, la fiabilité des prévisions de recettes laisse souvent à désirer (prévisions plus aisées dans les hypermarchés que dans le BTP ou les laboratoires pharmaceutiques).

Progiciels de trésorerie : apportent une aide tangible au trésorier (*Exemple : automatisation du passage des dates d'opération aux dates de valeur et du recalage des soldes*).

2. DÉCISIONS DU COURT TERME ET GESTION OPTIMUM DE LA TRÉSORERIE

2.1. Arbitrage escompte - découvert

C'est sans doute la décision la plus courante dans le domaine de la gestion de trésorerie à court terme.

Le diagnostic de la gestion de trésorerie a souligné l'importance de la surmobilisation d'escompte comme élément de destruction de valeur par accroissement des frais financiers. Or, il faut généralement prendre la décision de remettre à l'escompte ou de rester en découvert pendant plusieurs semaines, sans savoir avec précision ce qui sera encaissé durant ce laps de temps.

Compte tenu du **faible différentiel de coût** entre l'escompte et le découvert, la remise à l'escompte ne doit être envisagée que dans les cas limitatifs suivants :

– lorsque l'entreprise est en découvert permanent, même après la remise des effets à l'escompte ;

– lorsque la longueur des effets (i.e. la durée restant à courir jusqu'à l'échéance des effets) ne dépasse pas la durée prévisible du découvert.

Dans la plupart des autres cas, le découvert sera sans conteste la meilleure solution.

Exemple : La société ALPHA tient une position prévisionnelle de trésorerie en date de valeur sur un horizon glissant de 30 jours. Pour les 30 jours à venir, les prévisions laissent apparaître un découvert de 500 KF du 5e au 22e jour inclus (période située à l'intérieur d'un même mois civil). Il est possible de couvrir ce découvert par la remise d'une traite à l'escompte, du même montant et à échéance du 25e jour.
Afin de tester vos connaissances, le trésorier de la société vous demande votre avis sur le choix à arrêter, sachant que les conditions de négociation sont les suivantes :

- *taux d'escompte = 6,75 % ;*
- *taux du découvert = 7 %.*

Calcul du coût de l'escompte :

Nombre de jours d'agios = durée apparente + 1 jour = date d'échéance (25e jour) - date de remise (4e jour) + 1 jour = 21 + 1 = 22 jours.

⇒ Agios = 500 000 × 6,75 % × 22 / 360 = ***2 062,50 F.***

Calcul du coût alternatif du découvert :

Durée du découvert = 18 jours ⇒ Agios = intérêts débiteurs + CPFD

= (500 000 × 7 % × 18 / 360) + (500 000 / 2000) = ***2 000 F.***

Dans le cas présent, la solution « découvert » est préférable à la solution « escompte ».

Pour quelle longueur de traite la décision s'inverse-t-elle ?

La décision s'inverse pour une longueur de traite L (= durée apparente) telle que :

$500\,000 \times 6{,}75\,\% \times (L + 1) / 360 < 2\,000$

$\Rightarrow$ ***L < 20,33 jours.***

L'escompte sera privilégié si la longueur de traite ne dépasse pas 20 jours.

N.B. : La longueur optimale de traite est ici de 15 jours, c'est-à-dire une traite venant à échéance le 19e jour, compte tenu de l'avantage inhérent à l'escompte (cf. Thème 10).

2.2. Arbitrage placement - découvert

Cet arbitrage n'est pas réservé aux entreprises possédant d'une manière quasi permanente une trésorerie excédentaire. Il concerne surtout les entreprises dont la structure de la trésorerie est créditrice durant certains jours du mois.

L'entreprise aura intérêt à « bloquer » un montant M (sur un compte à terme, par exemple) si :

> **Rémunération brute due au blocage**
> **- (intérêts débiteurs + CPFD) supplémentaires dus au blocage > 0**

On démontre que le nombre de jours où l'entreprise doit se trouver créditrice à l'optimum ne dépend que de deux paramètres :

- le taux de découvert appliqué à l'entreprise,
- le taux de placement obtenu au moment du blocage.

Exemple : Comme la société ALPHA, la société OMEGA tient une gestion prévisionnelle de trésorerie en valeur. Ses prévisions sur les 30 prochains jours dégagent un excédent de trésorerie de 1 000 KF en début et en fin de période, et un découvert de 400 KF du 10e au 20e jour inclus.

Là encore, le trésorier de la société vous demande votre avis, sachant qu'il a la possibilité de bloquer l'excédent sur un mois au taux de 5 % (le taux du découvert étant le même que celui appliqué à la société ALPHA, soit 7 %).

Rémunération du compte bloqué : 1 000 000 × 5 % × 1 / 12 = **4 166,67 F.**

Agios de découvert supplémentaires (du 10e au 20e jour inclus) :

(1 000 000 × 7 % × 11 / 360) + (1 000 000 / 2 000) = **2 638,89 F.**

Le solde de l'opération de blocage est positif :

4 166,67 - 2 638,89 = **1 527,78 F** (gain net).

Il est donc intéressant pour la société OMEGA de bloquer sur un mois cette somme sur un compte à terme.

Pour quel taux de placement la décision s'inverse-t-elle ?

La décision s'inverse pour un taux T_p de placement tel que :

$1\,000\,000 \times T_p / 12 < 2\,638,89$;

Soit, $\boldsymbol{T_p < 3,17\ \%}$.

En deçà d'un taux de rémunération de 3,17 %, il n'est pas intéressant pour la société de bloquer sur un mois.

2.3. Gestion optimum de la trésorerie (le solde à viser)

L'optimum absolu que représente la trésorerie zéro ne pouvant être atteint, le **second optimum** est donné par la méthode des soldes à viser :

- viser un nombre de jours créditeurs variant de 5 à 9 jours dans le mois (en fonction de l'écart entre taux de placement et taux de découvert) pour une entreprise en situation de placement ;
- viser un nombre de jours créditeurs de 2 à 3 jours dans le mois pour une entreprise en position de mobilisation de crédits à court terme.

L'optimisation de la gestion de trésorerie conduit donc à une *gestion en découvert quasi permanent* : il convient donc de tendre vers la trésorerie zéro à partir d'un solde en valeur débiteur, compte tenu d'un coût de surmobilisation intrinsèquement beaucoup plus élevé que celui de sous-mobilisation.

TROISIÈME PARTIE

GESTION FINANCIÈRE À MOYEN ET LONG TERMES

Sur le moyen et le long termes, l'entreprise se trouve confrontée aux **décisions d'investissement** (→ choix des investissements à réaliser) et **aux décisions de financement** (→ choix des modes de financement des investissements retenus).

Les règles fondamentales à mettre en œuvre pour prendre les décisions d'investissement et de financement reposent toutes sur le principe de *maximisation de la valeur de l'entreprise*.

La *relation entre valeur de l'entreprise, coût du capital et structure de financement* est un problème complexe, mais qu'il convient d'approfondir dans le cadre d'une meilleure compréhension des choix financiers à moyen et long termes.

D'autre part, la **théorie des options** permet d'apporter un éclairage original sur les décisions d'investissement et de financement.

Par ailleurs, intéressant à des titres divers les différentes parties prenantes, l'**évaluation de l'entreprise** constitue un domaine de synthèse qui fait appel à des techniques utilisées tant en matière de diagnostic financier qu'en matière d'investissement et de financement.

13 LA DÉCISION D'INVESTISSEMENT

C'est incontestablement la décision financière la plus importante, dans la mesure où elle est à l'origine de la **création de valeur** par l'entreprise, et donc qu'elle conditionne le développement futur de celle-ci.

1. DÉFINITION ET DONNÉES DE BASE

Un investissement est l'entrée dans le patrimoine de l'entreprise (flux d'emploi) d'un bien non consommable destiné à produire des flux d'encaissement sur plusieurs années.

1.1. La notion financière de l'investissement

C'est la notion *la plus large*, puisqu'elle englobe :
- les immobilisations au sens **comptable** du terme (→ classe 2 du PCG) ;
- les immobilisations au sens **économique** du terme (→ classe 2 + certaines charges de la classe 6 : campagne publicitaire, programme de formation du personnel, mise au point d'un produit nouveau...) ;
- le **BFRE** généré par le supplément d'activité lié à certains investissements.

1.2. Les données de base

Le montant de l'investissement

Ce montant comprend le prix d'achat (hors TVA récupérable) auquel se rajoutent les frais accessoires et annexes (frais de transport, d'installation, de mise en route, de formation du personnel...), ainsi que l'éventuel supplément de BFRE généré par le projet.

Ce BFRE, qui varie annuellement en fonction de l'activité (accroissement de besoin ou dégagement de ressource), sera récupéré en fin de durée de vie de l'investissement.

Les coûts d'opportunité et les effets induits sont également à prendre en compte : cas de l'utilisation d'un terrain de l'entreprise dont la valeur vénale doit être intégrée au montant de l'investissement, ou de la cession de matériels obsolètes suite à la réalisation du projet, et dont le produit net doit venir en diminution du montant investi.

A contrario, certaines dépenses passées sont à considérer comme fonds perdus (sunk costs) et ne doivent donc pas être incluses dans le montant investi : cas de frais d'étude engagés avant la période de sélection de l'investissement, et n'intervenant donc pas dans la décision.

Au terme de la durée d'exploitation, le prix de revente de l'investissement usagé (net d'impôt) viendra augmenter les flux de liquidités de la dernière année.

Durée de l'investissement

C'est la durée pendant laquelle le projet génère effectivement des flux de liquidités (durée de vie économique). Par commodité, la durée retenue sera souvent la durée d'amortissement de l'investissement.

Flux nets de trésorerie d'exploitation ou cash-flows nets d'exploitation

L'évaluation des flux doit *se faire de façon indépendante des modalités de financement* de l'investissement.

En effet, il s'agit de mesurer les flux provenant d'un actif, dans le but d'évaluer sa rentabilité économique.

Il faut donc entendre par cash-flow le solde des encaissements et des décaissements qui interviennent pendant l'exploitation de l'investissement en ignorant les remboursements en capital, les frais financiers et les dividendes, ainsi que la déductibilité fiscale éventuelle de ces deux derniers éléments. Ces contraintes seront prises en compte au niveau du choix des taux d'actualisation lors de la mise en œuvre des critères d'évaluation financière.

N.B. : Cette séparation entre décision d'investissement et décision de financement n'implique pas, cependant, qu'il y ait indépendance ou séparabilité des deux types de décision (cf. Thème 15 « Coût du capital et structure financière de l'entreprise »).

Pour une entreprise soumise à l'impôt sur les sociétés (IS) et dont l'investissement a une durée de vie utile de n années, on a :

Séquence des cash-flows nets d'exploitation $_i$ =
EBE $_i$ - IS s/ Résultat d'exploitation $_i$ = Résultat d'exploitation net d'IS $_i$ + Dotations aux amortissements $_i$

[avec i = 1 à n]

2. CRITÈRES D'ÉVALUATION

Plusieurs critères sont utilisés d'une manière concurrente ou complémentaire en matière de choix d'investissement.

Le critère de la valeur actuelle nette (VAN) : constitue le critère fondamental dans le choix des investissements.

Un investissement est jugé rentable lorsqu'il crée de la valeur, c'est-à-dire lorsqu'il permet :

- de récupérer la mise de fonds initiale ;
- de rémunérer les capitaux engagés dans le projet ;
- de dégager un surplus (VAN positive) correspondant à une création de valeur au profit de l'entreprise et de ses propriétaires.

Pour qu'il y ait création de valeur, la rentabilité de l'investissement doit donc être supérieure au coût de son financement.

En désignant par :

- $FNTA_i$: Flux net de trésorerie actualisé de l'année i ;
- I_0 : Montant investi au départ ;
- n : Durée de vie de l'investissement ;

On a : $\mathbf{VAN = \Sigma\ FNTA_i - I_0}$.

[avec i = 1 à n]

Choix du taux d'actualisation

Le taux d'actualisation représente le coût d'opportunité du capital investi, c'est-à-dire le taux de rentabilité minimum requis pour l'investissement projeté. Ce taux dépend - notamment - *du taux d'intérêt sans risque du marché et du risque présenté par le projet [cf. Thème 15 « Le coût du capital »].* Il doit permettre de rémunérer les différentes sources de financement du projet d'investissement (capitaux propres et capitaux empruntés).

Prise en compte de l'inflation

La cohérence impose de prendre simultanément en compte les effets de l'inflation sur le taux d'actualisation et sur les flux de liquidités.

En effet :

- les taux observés sur le marché financier incluent implicitement le taux d'inflation anticipé ;
- certaines composantes des flux ne sont pas indexées sur l'inflation (cas des économies d'impôt dues à la déductibilité des dotations aux amortissements).

Par conséquent, il faut - dans la mesure du possible - mesurer les flux *en francs courants* et non en francs constants.

Interprétation du critère de la VAN

VAN

→ **Critère de rejet** : tout projet dont la VAN est négative est rejeté ;

→ **Critère de sélection** : entre deux projets concurrents, on retient celui dont la VAN est la plus élevée (maximisation de l'avantage absolu global).

Projets de durées de vie différentes

Les VAN des projets concurrents ne sont pas directement comparables.

Plusieurs méthodes permettent d'effectuer la comparaison :

Méthode du plus petit commun multiple (PPCM) des durées de vie : renouvellement à l'identique des projets jusqu'à ce que leurs durées concordent (méthode pouvant se révéler lourde) ;

Méthode de l'annuité équivalente (AEQ) : représente l'annuité qui permet d'obtenir la même VAN sur la durée de vie du projet. Soit, pour un projet d'une durée de vie n et un taux d'actualisation t : $\mathbf{VAN = AEQ} \times \frac{1 - (1 + t)^{-n}}{t}$.

→ on choisit alors l'investissement dont l'AEQ est la plus élevée.

Exemple : Deux projets d'investissement sont en concurrence.
→ Projet A : montant 800 KF, durée 4 ans, VAN à 10 % = 200 KF ;
→ Projet B : montant 600 KF, durée 3 ans, VAN à 10 % = 150 KF.
Déterminer le projet à retenir.

Méthode de l'annuité équivalente

$$200 = AEQ_A \times \frac{1 - (1,1)^{-4}}{0,1} \text{ et } 150 = AEQ_B \times \frac{1 - (1,1)^{-3}}{0,1}.$$

D'où, AEQ_A = **63,094 KF** et AEQ_B = **60,317 KF.**

Par suite, le projet à retenir est le projet A car son AEQ est supérieure à celle du projet B.

Autre calcul possible

PPCM des durées de vie avec renouvellement à l'identique des investissements.

Ici, PPCM = 12.

D'où :

VAN_A avec deux renouvellements : $200 + 200\,(1{,}1)^{-4} + 200\,(1{,}1)^{-8} =$ ***429,904 KF.***

VANB avec trois renouvellements : $150 + 150\,(1{,}1)^{-3} + 150\,(1{,}1)^{-6} + 150\,(1{,}1)^{-9}$ = ***410,983 KF.***

Le projet A domine le projet B (confirmation du diagnostic de la méthode précédente).

Application

Etude de cas sur le choix d'un investissement

L'entreprise GRAZIELLA S.A. envisage un investissement dont les caractéristiques sont les suivantes :

- coût des équipements projetés : 6 000 KF (amortissement linéaire sur cinq ans) ;
- valeur vénale au terme de la cinquième année estimée à 360 KF ;
- ventes prévisionnelles initiées par l'investissement (en KF) : 3 000 la 1re année, 5 400 la 2e année, 7 200 les 3e et 4e années, 4 500 la 5e année ;
- coûts variables représentant 40 % des ventes ;
- charges fixes annuelles, hors amortissement, évaluées à 900 KF ;
- besoin en fonds de roulement lié à l'investissement représentant deux mois de chiffre d'affaires HT (BFRE généré en début de période) ;
- taux d'IS égal à $33^{1/3}$ % (supposé constant sur les cinq ans) ;
- taux d'actualisation retenu par l'entreprise : 9 %.

N.B. : GRAZIELLA S.A. dégage globalement des bénéfices.

TRAVAIL À FAIRE

Calcul de la valeur actuelle nette (VAN) de ce projet d'investissement, suivi d'un bref commentaire.

Tableau des flux d'investissement (en KF)

	0	1	2	3	4	5
Investissement	- 6 000					
BFRE (création, variations & récupération)	- 500	- 400	- 300		450	750
Revente nette d'IS (360 x 2/3)						240
MSCV (60 % x CA HT)		*1 800*	*3 240*	*4 320*	*4 320*	*2 700*
Charges fixes hors DAP		*900*	*900*	*900*	*900*	*900*
DAP (Dotation aux amortissements)		*1 200*	*1 200*	*1 200*	*1 200*	*1 200*
Résultat d'exploitation		*- 300*	*1 140*	*2 220*	*2 220*	*600*
IS sur résultat d'exploitation		*100*	*- 380*	*- 740*	*- 740*	*- 200*
Cash-flow net d'exploitation		1 000	1 960	2 680	2 680	1 600
Flux nets de trésorerie	**- 6 500**	**600**	**1 660**	**2 680**	**3 130**	**2 590**
FNTA (taux d'actualisation de 9 %)	**- 6 500**	**551**	**1 397**	**2 070**	**2 217**	**1 683**

N.B. : Résultat d'exploitation = MSCV - Charges fixes (DAP incluse)

La 1re année (résultat d'exploitation négatif), l'IS généré par le projet est comparable à un crédit d'impôt venant s'imputer sur l'IS globalement dû au niveau de la société.

Par conséquent, VAN du projet = **1 418 KF.**

Ce projet est prometteur et il a donc toute chance d'être réalisé par l'entreprise GRAZIELLA (VAN fortement positive devant contribuer à l'enrichissement de la société et de ses actionnaires).

Le critère de l'indice de profitabilité (IP) ou ROI (Return on investment) : se calcule en rapportant la valeur actualisée des flux de liquidités sécrétés par le projet au montant initialement investi.

D'où, pour un investissement d'une durée de n années : $IP = \dfrac{\sum_{i=1}^{n} FNTA_i}{Io}$.

Calcul de l'IP dans le cas de l'investissement projeté par GRAZIELLA S.A. :

Σ FNTA $_i$ = 551 + 1 397 + 2 070 + 2 217 + 1 683 = 7 918.

IP = 7 918 / 6 500 = ***1,218.***

Un IP > 1 signifie que la VAN du projet est positive (→ somme des *cash-flows* actualisés supérieure à l'investissement initial).

IP

- **Critère de rejet** : tout projet dont l'IP est inférieur à 1 est rejeté (VAN < 0) ;
- **Critère de sélection** : entre deux projets concurrents, on retient celui dont l'IP est le plus élevé *(maximisation de l'avantage relatif).*

L'utilisation de l'IP est véritablement pertinente dans le cadre de projets concurrents de montants différents lorsqu'il y a **rationnement du capital** : le montant des capitaux étant limité, il faut rechercher leur utilisation optimale (i.e. maximisation de la rentabilité de chaque franc investi).

Le critère du délai de récupération du capital investi (DRCI) ou pay-back : fondé principalement sur la notion de liquidité.

Le pay-back est le temps nécessaire pour récupérer les fonds investis. La récupération s'apprécie en faisant le cumul des flux de liquidités attendus de l'investissement.

- Pay-back simple : les flux ne sont pas actualisés. Cette méthode est *à proscrire* car elle ne tient pas compte de la rémunération des capitaux investis ;
- Pay-back actualisé : le temps de retour est calculé à partir des flux actualisés sécrétés par l'investissement.

Il en découle que plus le délai de récupération est court, meilleur est le projet.

Calcul du DRCI dans le cas de l'investissement projeté par GRAZIELLA S.A. :

	1	**2**	**3**	**4**	**5**
Cumul des FNTA	551	1 948	4 018	6 235	7 918

D'où, temps de retour actualisé :

$$4 \text{ ans} + 12 \text{ mois} \times \frac{6\,500 - 6\,235}{1\,683} \cong \textbf{4 ans et 2 mois.}$$

N.B. : Le même calcul à partir des cash-flows non actualisés aurait donné un temps de retour de 3 ans et 6 mois.

DRCI

- **Critère de rejet** : tout projet dont le délai de récupération est supérieur à la norme fixée par l'entreprise est rejeté ;
- **Critère de sélection** : entre deux projets concurrents, on retient celui dont le délai de récupération est le plus court.

Le DRCI ne prend pas en compte les flux de liquidités postérieurs au seuil de rentabilité déterminé. Cette méthode peut ainsi conduire à rejeter des projets à plus long terme dont la rentabilité est progressive (*considération prioritaire de la minimisation du risque* au détriment de la rentabilité).

Son usage devrait donc être réservé à l'évaluation comparée de projets présentant des profils de cash-flow très similaires (exemple : projets d'investissement dans de l'immobilier locatif).

Le critère du taux de rentabilité interne (TRI) ou taux interne de rentabilité (TIR) : Le TRI d'un projet se définit comme le taux d'actualisation pour lequel la VAN est nulle.

Calcul du TRI

La méthode consiste donc, pour chaque projet, à chercher par approximations successives (itération) le taux qui annule la VAN. Sur micro-ordinateur, le calcul est grandement facilité par l'usage d'un logiciel tableur (→ fonction TRI).

Dans certains cas (projets sécrétant des cash-flows alternativement positifs et négatifs), le critère est inopérant du fait de TRI multiples (ou de l'inexistence du TRI).

Interprétation du critère du TRI

TRI

- **Critère de rejet** : tout projet dont le TRI est inférieur au coût des capitaux ou à la valeur fixée par l'entreprise comme taux de rejet est éliminé ;
- **Critère de sélection** : entre deux projets concurrents, on retient celui dont le TRI est supérieur.

Confrontation des critères de la VAN et du TRI : Dans certaines configurations, ces deux critères d'évaluation peuvent s'avérer divergents en matière de choix d'investissement.

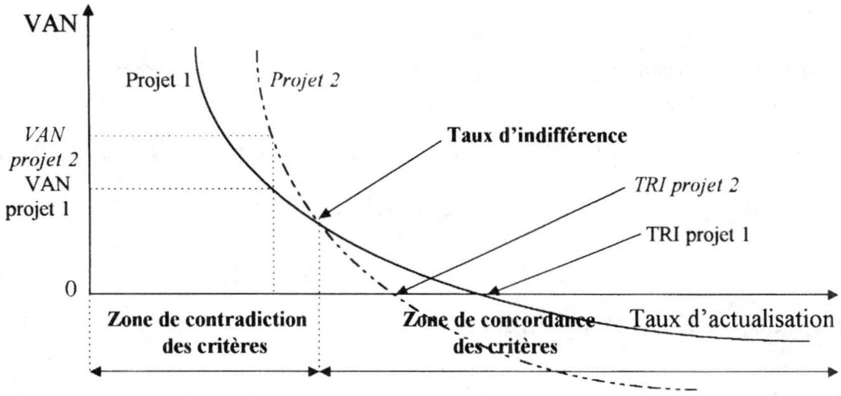

La méthode du TRI repose sur l'hypothèse de réinvestissement des flux intermédiaires à ce même taux (i.e. le TRI), alors que dans le cas de la VAN les flux sont supposés être réinvestis au coût des capitaux investis (i.e. au taux d'actualisation rémunérant le temps et le risque).

Lorsque le TRI d'un projet est nettement plus élevé que le coût des capitaux, l'hypothèse de réinvestissement qui sous-tend ce critère s'avère particulièrement irréaliste.

Il convient de privilégier le critère de la VAN, le réinvestissement au TRI n'ayant aucune justification économique.

Exemple (inspiré du cas MELECO Epreuve 2 du DESCF) :

La société INVESTOR doit choisir entre deux projets d'investissement alternatifs :

- *l'un, classique, permettant de générer des flux de trésorerie réguliers sur la durée de vie ;*
- *le second, de conception plus récente, nécessiterait des frais de mise en route, de formation du personnel élevés les premières années, mais se traduirait sur les cinq années de durée de vie par un montant global de flux de trésorerie nettement supérieur.*

Les deux projets ont un prix d'acquisition identique de 1 200 KF et la même durée de vie de cinq ans. Les flux de trésorerie générés par ces investissements, tels que calculés par le directeur administratif et financier, seraient les suivants (en KF) :

Investissement 1 : 500 par an

Investissement 2 : – année 1 = 100
– année 2 = 300
– année 3 = 500
– année 4 = 800
– année 5 = 1 200

Le taux d'actualisation à prendre en compte est de 10 % correspondant au coût moyen pondéré des capitaux investis.

Calcul de la VAN au taux de 10 %, puis du TRI de chacun des investissements.

$$VAN_1 = 500 \times \frac{1 - (1 + 0,1)^{-5}}{0,1} - 1\,200 \cong \mathbf{695,4\ KF.}$$

$$VAN_2 = 100\ (1,1)^{-1} + \ldots + 1\,200\ (1,1)^{-5} - 1\,200 \cong \mathbf{806\ KF.}$$

TRI_1 = **30,77 %** et TRI_2 = **26,39 %.**

En l'absence de moyens de calcul performants (du type calculette perfectionnée ou micro-ordinateur), le calcul du TRI peut se faire d'une manière satisfaisante en recherchant une fourchette de taux suffisamment resserrée puis en effectuant une interpolation linéaire.

Soit, pour le calcul du TRI de l'investissement 1 :

VAN à 30 % = 17,785 ;

VAN à 32 % = - 27,397.

$$\text{D'où : TRI} = 30\ \% + 2\ \% \times \frac{17,785}{17,785 + 27,397} \cong 30,79\ \%.$$

→ approximation satisfaisante

La sélection est rendue délicate car nous sommes dans une ***situation de contradiction des deux critères :***

– selon le critère de la VAN, c'est l'investissement 2 qui doit être retenu ;

– selon le critère du TRI, c'est par contre l'investissement 1 qui est à privilégier.

Le TRI donne un ordre de grandeur de la rentabilité économique de l'investissement. Mais on fait l'hypothèse implicite que ceux-ci sont réinvestis à ce même TRI. Par conséquent, cette hypothèse de réinvestissement devient irréaliste dès que le TRI est élevé (c'est le cas pour les deux projets concurrents de la société INVESTOR).

Le critère de la VAN est donc largement préféré à celui du TRI dans la mesure où le taux de réinvestissement est le taux d'actualisation retenu, lequel correspond au coût du capital. C'est de plus le seul critère correspondant à l'objectif de maximisation de la valeur de la firme.

L'investissement 2 sera donc choisi plutôt que l'investissement 1.

Les critères à double taux, valeur actuelle nette globale (VANG) et taux de rentabilité interne global (TRIG), ou méthode du taux intégré : reposant sur l'hypothèse que les flux de trésorerie générés par un investissement (CFi) sont réinvestis pendant la durée de vie n de l'investissement à un **taux réaliste r**, normalement supérieur au coût du capital k servant de taux d'actualisation.

La VANG est la différence entre la valeur actuelle (au coût du capital) de la valeur acquise des flux de trésorerie (réinvestissement au taux r) et le montant de l'investissement initial :

$$VANG = - I_0 + [CF_1 (1 + r)^{n-1} + CF_2 (1 + r)^{n-2} + ... + CF_{n-1} (1 + r) + CF_n] (1 + k)^{-n}$$

Par suite, *le TRIG est le taux d'actualisation k* pour lequel la VANG est nulle.*

La méthode du taux intégré permet donc de *résoudre l'éventuelle contradiction* entre les deux critères traditionnels de la VAN et du TRI.

*N.B. : L'utilisation de l'un ou l'autre de ces critères globaux (ou intégrés) suffit car ils (VANG et TRIG) sont **toujours concordants**.*

Exemple : suite du cas INVESTOR.

Dans le cas de cette société, un taux de réinvestissement des flux de trésorerie de 12 % serait souhaité.

Calcul de la VANG et du TRIG de chacun des investissements

$VANG_1 = 500 \times \frac{(1 + 0,12)^5 - 1}{0,12} \times (1 + 0,10)^{-5} - 1\ 200 \cong$ **772,3 KF** ;

et $TRIG_1 =$ **21,49 %.**

$VANG_2 = [100 (1 + 0,12)^4 + ... + 800 (1+ 0,12) + 1\ 200] (1 + 0,10)^{-5} - 1\ 200$ $\cong$ **850,3 KF**

et $TRIG_2 =$ **22,43 %.**

Les deux critères VANG et TRIG sont concordants et conduisent à retenir l'investissement 2*. On constate d'ailleurs que cette méthode du taux intégré conduit à retenir l'investissement dont la VAN était la plus élevée.*

VANG (ou TRIG)

- **Critère de rejet** : tout projet dont la VANG est négative est rejeté ;
- **Critère de sélection** : entre deux projets concurrents, on retient celui dont la VANG est la plus élevée (ou le TRIG est supérieur).

14 CHOIX D'INVESTISSEMENT ET INCERTITUDE

La prévision en univers dit certain est une prévision moyenne qui n'ignore pas l'existence du risque, mais ne le mesure pas.

1. UNIVERS ALÉATOIRE

Il est possible d'affecter une probabilité de réalisation aux différents scénarios possibles.

La **méthode probabiliste** consiste alors à associer à la prévision de résultat une distribution de probabilités : la VAN devient à ce moment-là une variable aléatoire.

Le risque est mesuré par la dispersion de la distribution de probabilités autour d'un résultat moyen.

- Le résultat moyen correspond à l'*espérance mathématique de la VAN*, soit E(VAN) ;
- et la dispersion autour de ce résultat moyen est mesurée par l'*écart-type de la VAN*, soit σ (VAN).

Pour faciliter la décision (couple rentabilité-risque) il est possible de calculer le coefficient de dispersion (ou coefficient de variation) : σ (VAN) / E(VAN).

Si le coefficient de dispersion est inférieur à 1, le risque est acceptable.

Approche probabiliste

→ **Critère de rejet** : tout projet dont l'espérance mathématique de la VAN est négative est rejeté ;

→ **Critère de sélection** : entre deux projets concurrents, on retient celui dont l'espérance de gain est la plus élevée pour un risque donné, ou celui dont le coefficient de dispersion est le plus faible*.

(selon l'aversion plus ou moins grande pour le risque de la part de l'investisseur)*

Exemple : La société DELTA envisage d'acquérir un matériel de 1 000 KF amortissable linéairement sur 10 ans pour fabriquer un produit nouveau.

Voici la répartition des chiffres d'affaires attendus en fonction de l'évolution de la situation économique durant les dix années à venir :

Situation économique	Récession	Stagnation	Croissance
Probabilité	20 %	30 %	50 %
Chiffre d'affaires HT annuel (en KF)	1 000	1 400	1 800

Les frais variables représentent 60 % du chiffre d'affaires, les frais fixes (hors amortissement) sont estimés à 200 KF par an. La durée de vie du projet est de 10 ans.

Le coût moyen pondéré des capitaux investis est de 10 %, et le taux d'imposition des bénéfices (IS) s'élève à 40 %. Ce projet doit-il être entrepris ?

Détermination des cash-flows annuels dans les trois scénarios possibles (en KF)

	Récession	Stagnation	Croissance
MSCV (= 40 % CA HT) (-) Charges fixes (hors DAP)	400 (200)	560 (200)	720 (200)
EBE (-) Dotation aux amortissements	200 (100)	360 (100)	520 (100)
Résultat d'exploitation avant IS IS à 40 %	100 40	260 104	420 168
Cash-flow (= EBE - IS s/ résultat d'exploitation)	**160**	**256**	**352**

Par suite, calcul de la VAN dans les trois situations économiques envisageables :

$$VAN_1 \text{ (récession)} = 160 \times \frac{1 - (1 + 0{,}1)^{-10}}{0{,}1} - 1\ 000 \cong \mathbf{-\ 17\ KF}\ ;$$

de la même façon, VAN_2 (stagnation) ≅ 573 KF ;

et VAN_3 (croissance) ≅ ***1 163 KF.***

D'où, espérance mathématique de la VAN :

E(VAN) *= - 17 × 20 % + 573 × 30 % + 1 163 × 50 % =* ***750 KF.***

Si l'on ignore le risque attaché à l'investissement, le projet est accepté car il est (en moyenne prévisionnelle) fortement créateur de valeur.

Prise en compte du risque (i.e. incertitude sur le résultat) :

Prob$_i$	**VAN$_i$**	**VAN$_i$ ^{2}**
0,2	- 17	289
0,3	573	328 329
0,5	1 163	1 352 569

$E(VAN^2) = 0{,}2 \times 289 + 0{,}3 \times 328\,329 + 0{,}5 \times 1\,352\,569 = 774\,841$.
$\sigma^2(VAN) = E(VAN^2) - [E(VAN)]^2 = 774\,841 - (750)^2 = 212\,341$.
$\Rightarrow \sigma VAN) \cong 461$ KF.

Coefficient de dispersion (→ risque par franc de gain espéré) :

*σ VAN) / E(VAN) = 461 / 750 ≅ **0,61** ⇒ l'écart moyen par rapport à l'espérance de gain étant de ± 61 % (donc nettement inférieur à 1), le risque est relativement faible. **Le projet peut donc être entrepris sans trop de risque par l'entreprise DELTA.***

D'autre part, si l'on considère que la VAN peut être valablement ajustée à une loi normale, calculons la probabilité de ne pas rentabiliser l'investissement :

$Prob(VAN < 0) = P(t < \frac{0 - 750}{461})$ → changement de variable pour lecture de la table N(0,1)

$= P(t < -1{,}63) = 1 - P(t < 1{,}63) = 1 - 0{,}9484 =$ **0,0516.**

Le risque d'avoir une VAN négative est à peine supérieur à 5 %, ce qui confirme l'analyse précédente.

2. UNIVERS INDÉTERMINÉ

Lorsqu'il n'est pas possible d'affecter une probabilité aux différents états de la nature (*situation d'incertitude absolue*) on a recours à divers critères issus de la **théorie des jeux** pour aider à la prise de décision.

Ces critères sont essentiellement :

- le critère de Laplace (ou critère d'équiprobabilité) ;
- le critère de Wald (ou critère du maximin) ;
- le critère du maximax ;
- le critère de Savage (ou critère du minimax regret) ;
- le critère d'Hurwicz (avec fixation d'un coefficient d'optimisme).

Explications à partir d'un exemple

Un investisseur a fait une étude de projet portant sur les **résultats annuels possibles (KF)** en fonction des recettes attendues (= états de la nature) et des capacités de production (= décisions à prendre).

Recettes en KF → **Capacité de production ↓** **(en milliers de pièces)**	**8 000**	**9 000**	**10 000**	**11 000**
Décision A : 100	- 50	- 20	0	10
Décision B : 120	- 80	- 10	50	110
Décision C : 140	- 110	- 30	80	150

Critère de Laplace : n'ayant aucune information sur les états futurs de la nature, nous pouvons considérer qu'ils sont équiprobables.

La solution pour laquelle l'espérance mathématique de gain est la plus forte sera privilégiée.

D'où :

– décision A : (- 50 - 20 + 0 + 10) / 4 = - 15 ;
– décision B : (- 80 - 10 + 50 + 110) / 4 = 17,5 ;
– décision C : (- 110 - 30 + 80 + 150) / 4 = **22,5** ⇒ décision optimale.

Critère de Wald (« maximin ») : est retenue la décision offrant le résultat minimum le plus élevé (privilégie l'attitude la plus prudente).

D'où :

– décision A : maximin = **- 50** ⇒ décision optimale ;
– décision B : maximin = - 80 ;
– décision C : maximin = - 110.

Critère du maximax : est retenue la décision offrant le résultat maximum le plus élevé (privilégie l'attitude la plus risquée et la plus optimiste).

D'où :

– décision A : maximax = 10 ;
– décision B : maximax = 110 ;
– décision C : maximax = **150** ⇒ *décision optimale.*

Critère de Savage (« minimax regret ») : Savage recommande pour chaque état de la nature de calculer « le regret entre le choix effectué et le choix le plus favorable si l'on connaissait les intentions de la nature ». Le calcul du « regret » correspondra à la différence entre le cas le plus favorable et le cas concerné. La décision optimale à retenir étant celle pour laquelle le regret maximal est le plus faible (→ critère de prudence).

Construction d'une matrice des regrets

	8 000	9 000	10 000	11 000
Décision A	-	10	80	140
Décision B	30	-	30	40
Décision C	60	20	-	-

***Explication** : dans la 1re colonne (état de la nature 8 000), cas le plus favorable = - 50 → il faut donc retrancher à - 50 chaque cas particulier de cette colonne. Pratiquer de la même manière pour les autres colonnes.*

D'où :

– décision A : regret maximum = 140 ;
– décision B : regret maximum = **40**
⇒ *décision optimale* (minimise le regret maximal) ;
– décision C : regret maximum = 60.

Critère d'Hurwicz : pour chaque décision est effectuée la moyenne pondérée du gain maximal et du gain minimal ; pondération par un *coefficient d'optimisme* correspondant à la probabilité subjective de réalisation du gain maximal et par un coefficient de pessimisme (égal au complément à 1 du coefficient d'optimisme) correspondant à la probabilité de réalisation du gain minimal. La décision retenue est celle pour laquelle cette moyenne pondérée est la plus élevée.

D'où (avec un coefficient d'optimisme de 0,4 par exemple) :

– décision A : 0,6 × - 50 + 0,4 × 10 = - 26 ;
– décision B : 0,6 × - 80 + 0,4 × 110 = **- 4** ⇒ *décision optimale ;*
– décision C : 0,6 × - 110 + 0,4 × 150 = - 6.

En final, l'investisseur prendra la décision qui correspondra le plus à son tempérament et à sa plus ou moins grande aversion pour le risque.

15 LA DÉCISION DE FINANCEMENT

La rentabilité des investissements doit permettre de satisfaire les exigences des apporteurs de fonds (actionnaires et créanciers) sous peine de condamner l'entreprise à plus ou moins brève échéance.

1. LE COÛT DU CAPITAL

La théorie financière définit le taux d'actualisation comme étant le coût du capital utilisé par l'entreprise. Ce coût du capital est la moyenne arithmétique pondérée des coûts des différentes sources de fonds auxquelles l'entreprise fait appel.

Le *coût moyen pondéré du capital* (CMP) doit cependant tenir compte que le coût des capitaux propres dépend lui-même de la structure de financement ; en effet, ce coût s'accroît avec le niveau d'endettement (*cf. plus loin MEDAF : prime de risque financier*).

1.1. Le coût des capitaux empruntés

Il s'agit d'un coût **explicite** résultant d'un calcul actuariel. Le coût d'une source de financement par endettement est le **taux actuariel** pour lequel il y a équivalence entre le capital mis à la disposition de l'entreprise et l'ensemble des sommes réellement décaissées en contrepartie.

Ce taux de revient doit prendre en considération les économies d'impôt réalisées sur les intérêts et, le cas échéant, sur les amortissements des primes de remboursement et des frais d'émission (emprunts obligataires) ou sur les frais de dossier (emprunts indivis).

• Si les économies d'impôt sont exclusivement calculées sur les intérêts, et que l'emprunt ne comporte pas de surcoûts (frais de dossier ou d'émission, prime de remboursement, retenue de garantie...), le coût de l'emprunt se calcule d'une manière immédiate :

Taux de revient de l'emprunt (taux actuariel net) = taux nominal x (1 - taux de l'impôt)

Cas particulier du crédit-bail : D'un point de vue économique, le crédit-bail ne constitue qu'un mode de financement particulier qui peut s'analyser comme un substitut à l'emprunt et dont le coût peut être évalué sous forme d'un taux actuariel.

On suppose que l'*option d'achat* est systématiquement exercée afin de se trouver en fin de contrat dans une situation identique à celle de tout autre mode de financement.

Les flux financiers liés au crédit-bail doivent tenir compte notamment :

- de l'économie d'investissement réalisée au départ ;
- de la perte d'économie fiscale due à l'absence des amortissements que l'entreprise, réellement propriétaire de l'immobilisation, aurait pu passer dans le cadre de tout autre mode de financement (→ conséquence spécifique du crédit-bail) ;
- de l'économie fiscale sur les amortissements que permet l'exercice de la clause de rachat en fin de période.

> Par suite, le coût net du crédit-bail est le taux qui annule la valeur actualisée de la séquence des flux financiers nets associés au contrat.

Exemple : Le directeur financier d'une firme reçoit une proposition de crédit-bail relative au financement d'un matériel professionnel de 25 000 KF amortissable en linéaire sur cinq ans.

Détail de la proposition :

- *financement du matériel à 100 %,*
- *versement de quatre redevances annuelles de 7 000 KF en terme à échoir,*
- *option d'achat de 3 000 KF au bout des quatre ans.*

Calcul du coût de ce crédit-bail, sachant que la levée d'option sera effectuée et que le matériel sera amorti sur la durée de vie résiduelle. Taux d'IS = $33^{1/3}$ %.

Tableau des flux de financement crédit-bail (en KF)

	0	1	2	3	4	5
Economie d'investissement	25 000					
Redevances CB	- 7 000	- 7 000	- 7 000	- 7 000		
Economie d'IS sur redevances (7 000 x 1/3)		2 333,33	2 333,33	2 333,33	2 333,33	
Perte d'économie d'IS s/DAP [(25 000 / 5) x 1/3]		- 1 666,66	- 1 666,66	- 1 666,66	- 1 666,66	-1 666,66
Levée de l'option d'achat					- 3 000	
Economie d'IS s/DAP CB (3 000 x 1/3)						1 000
Flux de liquidités	*8 000*	*- 6 333,33*	*- 6 333,33*	*- 6 333,33*	*- 2 333,33*	*- 666,66*

Le coût du crédit-bail est le taux d'actualisation des flux tel que la somme des décaissements nets actualisés à ce taux soit égale au montant du financement obtenu. D'où, coût du crédit-bail (taux actuariel net) = **9,32 %.**

1.2. Le coût des capitaux propres

Il correspond au taux de rentabilité requis par les actionnaires de l'entreprise. Pour l'essentiel, deux modèles permettent d'en faire une évaluation.

• Le modèle actuariel de GORDON et SHAPIRO (1956) : Le taux de rentabilité espéré (t) d'une action que l'on souhaite revendre dans un an est égal à la somme du dividende attendu (D_1) et de la plus-value envisagée à la revente (C_1 - C_0), divisée par la valeur initiale de l'action (C_0) :

$$t = \frac{C_1 - C_0 + D_1}{C_0}$$

En raisonnant sur le très long terme la valeur (actuelle) de revente devient négligeable, le cours de l'action aujourd'hui étant alors égal à la somme actualisée à l'infini des dividendes futurs (avec une rentabilité espérée par le marché constante d'une année sur l'autre). GORDON et SHAPIRO ont eu l'idée de poser *une hypothèse sur la croissance des dividendes* futurs : soit g ce taux de croissance supposé constant à l'infini, avec $g < t$ (taux de croissance à long terme des dividendes inférieur au taux de rentabilité exigé par les actionnaires).

Par suite, on démontre que : $t = \frac{D_1}{C_0} + g$

L'équation signifie que le taux de rentabilité des actions est égal à la somme du rendement en dividende et du taux de croissance futur des dividendes.

Exemple : L'action SUDINVEST cote actuellement 800 F, avec une anticipation à 32 F du prochain dividende annuel. Le taux de croissance à long terme du dividende peut être estimé à 8 %.

Coût des fonds propres de SUDINVEST : $t = \frac{32}{800} + 0{,}08 = 12\ \%$.

Dans ce modèle actuariel la *difficulté essentielle* réside dans l'estimation, toujours délicate, du taux de croissance futur de l'entreprise à long terme (dont la politique de dividendes représente une des expressions). Une erreur de prévision dans ce domaine a des conséquences importantes quant à l'appréciation du coût du capital de l'entreprise : en effet, chaque point de croissance en plus ou en moins a un impact de 1 % de coût des fonds propres (*Exemple* : 11 % ou 13 % au lieu de 12 %).

D'autre part, le modèle de GORDON - SHAPIRO est pratiquement *déconnecté des variables de marché* (il est centré sur les variables internes à la gestion de l'entreprise), et *il ignore à peu près complètement le facteur risque*.

• **Le modèle d'équilibre des actifs financiers (MEDAF)** : Issu des travaux de deux prix Nobel d'économie (1990), Harry MARKOWITZ et William SHARPE.

Fondé sur **l'arbitrage rentabilité-risque**, ce modèle constitue *une des pièces maîtresse* de la théorie financière moderne.

Conformément à cette logique financière (couple risque-rentabilité), on observe sur les marchés financiers une corrélation positive entre la rentabilité obtenue et le risque encouru.

Le MEDAF permet d'estimer le taux de rentabilité attendu par le marché sur un actif risqué (comme une action) à partir de seulement trois variables :

1 - Le taux d'intérêt sur un actif sans risque R_F (*exemple* : emprunt d'Etat) ;

2 - L'espérance de rentabilité du marché R_M (espérance moyenne du marché sur lequel est cotée l'action) ;

3 - Un coefficient de risque, appelé risque systématique ou risque de marché de l'action concernée, β_c (Bêta de l'action).

Equation du MEDAF :

$$E(R_c) = R_F + \beta_c\ [\ E(R_M) - R_F\ ]$$

– $E(R_M)$ - R_F correspond à la prime de risque du marché des actions dans son ensemble.
– Le coefficient bêta représente la sensibilité de la rentabilité de l'action considérée aux fluctuations de la rentabilité de l'ensemble du marché des actions. Il peut être estimé de façon historique par la pente de la droite de régression linéaire des taux de rentabilité de l'action considérée (R_c) sur ceux de l'indice de marché (R_M).

D'où : $\beta_c = \dfrac{\text{Cov. } (R_c, R_M)}{\text{Var. } (R_M)}$.

Il s'agit d'un coefficient de risque systématique compte tenu de la décomposition du risque d'un titre **en risque systématique** (ou de marché) et en **risque spécifique** (au titre concerné).

En effet, la prime de risque requise par les investisseurs ($\rightarrow \beta_c\ [E(R_M) - R_F]$) ne dépend que du risque systématique, aucune rémunération n'étant demandée pour le risque spécifique éliminable sans coût par une diversification du portefeuille d'actifs.

Si $\beta_c > 1$, les mouvements du marché seront amplifiés pour l'action concernée, aussi bien à la hausse qu'à la baisse (sous réserve de variations spécifiques). À l'inverse, si $\beta_c < 1$, l'action aura une plus grande inertie que les mouvements du marché dans son ensemble.

• **Décomposition de la prime de risque** : Le coefficient de risque β_c intègre deux types de risque, le risque d'exploitation et le risque financier.

À partir de l'équation du MEDAF et de la formule de l'effet de levier financier en termes de valeur de marché, on démontre que :

$$\beta_c = \beta_a\ \mathbf{[1 + (1 - T)\ D/K]}.$$

β_a étant la composante du risque systématique qui ne dépend que des éléments déterminant la rentabilité d'exploitation, indépendamment de la politique de financement.

β_a est dénommé β **d'exploitation** ou β **économique** pour le distinguer du coefficient β_c qui correspond au β **fonds propres** (lequel dépend de la structure de financement de l'entreprise).

N.B. : Dans le cas d'une entreprise sans dette (financement intégral sur fonds propres), il y a bien évidemment coïncidence entre β d'exploitation et β fonds propres.

Par suite, le **taux de rentabilité requis par les actionnaires** sera égal au taux sans risque plus *une prime de risque économique* plus *une prime de risque financier* (cas des entreprises endettées) :

$$E(R_c) = R_F + \beta_a\,[E(R_M) - R_F] + \beta_a\,[E(R_M) - R_F]\,(1 - T)\,D/K$$

T est le taux d'imposition, D et K représentant respectivement le montant des dettes financières et des capitaux propres à leur valeur de marché.

Exemple : L'entreprise COMPETITION S.A. a un projet d'investissement important, dont le risque est conforme au risque économique moyen de la firme. Le ratio d'endettement de la société (D/K) est de 0,9 et son bêta (β_C) ressort en Bourse à 1,25. Le projet ne modifiera pas la structure financière de l'entreprise (même structure de financement que la structure générale du passif financier). Le taux d'imposition à l'IS est de $33^{1/3}$ %.

Sachant que le taux de l'actif sans risque est de 8 % et que l'espérance de rentabilité du marché des actions est de 12 %, évaluons le coût des capitaux propres [= $E(R_C)$] à retenir pour ce projet.

$$E(R_c) = R_F + \beta_c\,[E(R_M) - R_F] = 0{,}08 + 1{,}25\,(0{,}12 - 0{,}08) = 13\ \%.$$

Ce coût des capitaux propres correspond au taux de rentabilité requis par les actionnaires.

Il est possible de décomposer la prime de risque rémunérant les actionnaires au-delà du taux sans risque, sachant que :

$$\beta_a = \frac{\beta_C}{1 + (1 - T)\dfrac{D}{K}} = \frac{1{,}25}{1 + (1 - \dfrac{1}{3})\,0{,}9} = 0{,}78125.$$

D'où :

– *Prime de risque d'exploitation : $\beta a\,[E(R_M) - R_F] = 0{,}78125 \times 0{,}04 =$* ***3,125 %***

– *Prime de risque financier :*
$\beta a\,[E(R_M) - R_F]\,(1 - T)\,D/K = 0{,}78125 \times 0{,}04 \times 0{,}6 =$ ***1,875 %.***

On vérifie que :

Taux de rentabilité requis par les actionnaires = taux sans risque + prime de risque d'exploitation + prime de risque financier = 8 % + 3,125 % + 1,875 % = 13 %

1.3. Le coût de l'autofinancement

Contrairement à une idée souvent répandue, l'autofinancement n'est pas une ressource financière « gratuite ».

Son coût dépend en fait de la structure financière de l'entreprise.

• Si l'entreprise n'est financée que par des fonds propres, l'autofinancement est propriété intégrale des actionnaires et son coût implicite d'utilisation est le taux de rentabilité exigé par les actionnaires, c'est-à-dire le coût des capitaux propres.

• Si, par contre, l'entreprise est financée majoritairement par des dettes, l'autofinancement servira surtout à rembourser les emprunts en cours. A ce moment-là, en cas de nouveaux investissements et dans l'hypothèse d'un maintien de la structure financière existante, l'entreprise devra recourir à de nouveaux emprunts. Par conséquent, le coût d'utilisation de l'autofinancement sera en fait le coût des nouvelles dettes contractées.

En définitive, si l'entreprise ne modifie pas sa structure de financement, le taux de rentabilité qu'elle devra exiger sur des investissements autofinancés sera tout simplement le *coût moyen pondéré du capital*. **Le coût de l'autofinancement est ainsi égal au CMP.**

2. COÛT DU CAPITAL ET STRUCTURE FINANCIÈRE DE L'ENTREPRISE

Dans ce domaine, l'apport essentiel provient des travaux conjoints (1958 - 1963) de deux autres prix Nobel d'économie, Merton MILLER et Franco MODIGLIANI (→ modèle de MODIGLIANI - MILLER).

2.1. Le modèle de MODIGLIANI - MILLER en l'absence d'imposition des résultats

Sur un marché financier parfait et dans un monde sans impôt, la valeur de la firme endettée (i.e. la valeur actualisée du flux revenant aux actionnaires, augmentée de la valeur actualisée du flux revenant aux créanciers) est égale à celle de la firme sans dette.

La valeur des entreprises est donc indépendante de leur structure financière du fait de *l'arbitrage des investisseurs* (→ les transactions réalisées sur le marché ayant pour effet d'égaliser les valeurs de firmes comparables, mais dont le ratio d'endettement est différent).

Comme le coût de la dette est inférieur au coût des fonds propres (puisque les actionnaires supportent un risque plus grand) on peut en déduire que *lorsque le ratio d'endettement de l'entreprise s'élève, le coût des fonds propres s'accroît* de sorte que le CMP de l'entreprise reste constant. Cette hausse du coût des capitaux propres qui accompagne l'endettement de l'entreprise traduit le risque financier croissant assumé par les actionnaires.

2.2. Le modèle de MODIGLIANI - MILLER en présence d'imposition

La valeur de la firme endettée est supérieure à celle de la firme sans dette. Le supplément de valeur correspond à la somme actualisée de l'économie fiscale due à la déductibilité des intérêts de la dette.

Le CMP d'une entreprise endettée est donc inférieur au coût du capital d'une entreprise sans dette, ceci en raison uniquement de *l'avantage fiscal lié à la déductibilité des intérêts de la dette.*

En appelant R_i le coût du capital de l'entreprise i sans dette, et CMPj le coût moyen pondéré du capital de l'entreprise j endettée, on a la relation suivante (*à risque économique identique*) :

$$CMP_j = R_i \left[1 - T \left(\frac{D}{K + D}\right)\right]$$

Avec T : taux d'imposition & D et K : valeur de marché des dettes et des capitaux propres.

En conclusion, pour abaisser son coût du capital et par la même occasion maximiser sa valeur de marché, les dirigeants ne devraient pas hésiter à *endetter au maximum l'entreprise,* compte tenu de l'avantage fiscal lié à la dette.

2.3. Vers une structure financière optimale

Le risque de faillite croît avec le niveau d'endettement. Comme *la faillite génère un certain nombre de coûts supplémentaires* (frais légaux et administratifs du règlement judiciaire, perte de confiance des créanciers ou des fournisseurs...), la valeur actualisée de ces coûts devient de moins en moins négligeable.

La structure optimale de financement résultera alors d'un compromis entre les gains procurés par les économies d'impôt sur frais financiers et les pertes entraînées par les coûts de faillite.

D'autre part, pour limiter le mécanisme de transfert de risque entre actionnaires et créanciers, des clauses restrictives et des procédures de surveillance de l'état de l'entreprise entraînent des coûts, appelés *coûts d'agence* de la dette, qui augmentent avec l'importance de l'endettement. D'où, là encore, une tendance au compromis et à la détermination d'un *ratio optimum d'endettement*.

Finalement, on peut énoncer la relation suivante :

Valeur de l'entreprise endettée =	**valeur de l'entreprise sans dette**
	+ valeur actualisée des économies fiscales de la dette
	- valeur actualisée des coûts d'agence et de faillite *(croissant avec la dette)*

2.4. Conséquences pratiques de la démarche de MODIGLIANI - MILLER

En présence d'imposition, il n'y a pas de séparabilité au *sens strict* des décisions d'investissement et de financement dans la mesure où le coût du capital (CMP) n'est pas indépendant de la structure financière de l'entreprise.

On peut supposer, cependant, que l'entreprise choisit sa structure optimale de financement et que ses projets d'investissement sont financés marginalement en respectant le ratio d'endettement optimal. Il est alors possible de traiter la décision d'investissement comme si elle était totalement séparable de la décision de financement (→ séparabilité au sens large).

Si, par contre, le projet a un risque économique différent du risque moyen de l'entreprise, s'il est financé à un taux préférentiel (*exemple* : prêt bonifié) ou s'il entraîne une modification de la structure financière, il n'est plus possible de retenir le CMP de l'entreprise comme taux d'actualisation (→ *non-séparabilité* des décisions d'investissement et de financement).

On doit alors recourir à d'autres méthodes d'évaluation comme celle de la **VAN ajustée** qui consiste à faire apparaître l'effet de la décision de financement sur la valeur actuelle du projet, calculée en considérant un financement exclusif par capitaux propres.

Soit :

VAN ajustée = VAN de base + VAN du financement

- La VAN de base est la VAN du projet financé intégralement par capitaux propres ;
- La VAN du financement est la VAN du mode de financement (emprunt) calculée en actualisant les flux de financement au taux normal de la dette avant

impôt, c'est-à-dire au taux d'intérêt auquel l'entreprise emprunte dans les conditions normales et actuelles du marché.

Le *CMP spécifique* du projet, ou *taux ajusté*, est le taux d'actualisation permettant d'obtenir directement la VAN ajustée à partir des seuls flux d'investissement.

Exemple : La société BOSTON envisage de produire et de commercialiser un produit innovant sur une durée d'exploitation de cinq ans. Pour ce faire, une mise de fonds initiale de 1 400 000 F est nécessaire : 1 000 000 F en matériel plus 400 000 F de supplément de BFRE.

Sur les cinq années, les flux d'investissement prévisionnels sont les suivants :

1re année	2e année	3e année	4e année	5e année
- 100 000	66 667	666 667	1 200 000	1 200 000

BOSTON a l'opportunité de bénéficier d'un emprunt indivis au taux bonifié de 10 % sur cinq ans (annuités constantes) pour le financement de 60 % du matériel.

Le risque attaché au projet correspond au risque moyen du secteur d'activité concerné dont le β (hors risque financier) est de 1,22.

Autres informations disponibles :

– le coût normal de la dette pour BOSTON est de 12 % avant impôt ;
– la rentabilité du placement sans risque est de 9,5 % ;
– la prime de risque de l'ensemble du marché des actions est de 4,5 % ;
– le taux d'imposition des bénéfices est de $33^{1/3}$ %.

Déterminer la VAN du projet dans le cadre du présent montage financier, sachant que celui-ci modifiera la structure financière de l'entreprise.

Nous sommes dans un cas de **non-séparabilité** des décisions d'investissement et de financement (modification de la structure financière de l'entreprise et taux d'emprunt préférentiel). Les critères traditionnels d'évaluation sont donc inopérants, il convient à ce moment-là de calculer la **VAN ajustée** du projet.

VAN ajustée = VAN de base + VAN du financement (par emprunt)

VAN de base *: Il faut tout d'abord déterminer le coût du capital dans le cas d'un financement à 100 % sur fonds propres. Appliquons la relation du MEDAF :*

Coût du capital (financement sans dette) = 9,5 % + 1,22 × 4,5 % ≅ ***15 %***

*D'où, VAN de base = - 1 400 000 - 100 000 $(1,15)^{-1}$ + 66 667 $(1,15)^{-2}$ + 666 667 $(1,15)^{-3}$ + 1 200 000 $(1,15)^{-4}$ + 1 200 000 $(1,15)^{-5}$ ≅ **284 514.***

VAN du financement *: Dans un premier temps, établissons le tableau d'amortissement de l'emprunt.*

Calcul de l'annuité constante : $600\,000 \times \dfrac{0{,}1}{1 - (1{,}1)^{-5}} \cong 158\,280.$

Tableau d'amortissement de l'emprunt

Année	Capital restant dû	Intérêts	Capital remboursé
1	600 000	60 000	98 280
2	501 720	50 172	108 108
3	393 612	39 361	118 919
4	274 693	27 469	130 811
5	143 882	14 388	143 882

VAN du financement (actualisation des flux de financement par emprunt au taux normal de la dette avant impôt, soit 12 %) :

*600 000 - (158 280 - 20 000) $(1,12)^{-1}$ - (158 280 - 16 724) $(1,12)^{-2}$ - (158 280 - 13 120) $(1,12)^{-3}$ - (158 280 - 9 156) $(1,12)^{-4}$ - (158 280 - 4 796) $(1,12)^{-5}$ ≅ **78 504.***

N.B. : Les flux de financement tiennent compte de l'économie fiscale liée à la déductibilité des intérêts d'emprunt.

Par suite, VAN ajustée = 284 514 + 78 504 = **363 018**.

Le mode de financement par emprunt a apporté une VAN complémentaire de 78 504 F venant augmenter la VAN de base du projet (284 514 F étant la VAN du projet financé intégralement par capitaux propres).

Calcul du CMP spécifique (ou taux ajusté) : taux d'actualisation donnant une VAN de 363 018 F à partir des seuls flux d'investissement du projet.

Effectuons le calcul par approximations successives puis interpolation linéaire :

– VAN à 13 % = 413 043.

– VAN à 14 % = 347 299.

CMP spécifique = $13\,\% + 1\,\% \times \dfrac{413\,043 - 363\,018}{413\,013 - 347\,299} \cong$ **13,76 %.**

N.B. : Ce calcul diffère légèrement de celui issu du modèle de MODIGLIANI - MILLER en présence d'imposition, car l'emprunt n'étant pas perpétuel le ratio d'endettement n'est pas constant au cours de la durée de vie du projet.

Calcul du CMP spécifique selon le modèle de M.M. :

$$15\ \%\ \left(1 - 1/3 \times \frac{600\ 000}{1\ 763\ 018}\right) \cong \mathbf{13{,}30\ \%.}$$

[1 763 018 F correspondant à la valeur du projet, c'est-à-dire : 1 400 000 + 363 018]

Ou, d'une manière équivalente, coût des capitaux propres compte tenu de l'endettement (formule de l'effet de levier en termes de valeur de marché) :

$$15\ \% + 2/3 \times (15\ \% - 10\ \%) \times \frac{600\ 000}{1\ 163\ 018} \cong 16{,}72\ \%.$$

→ l'endettement augmente le risque, donc le coût des capitaux propres (prime de risque plus élevée) ;

et par suite, CMP spécifique :

$$16{,}72\ \% \times \frac{1\ 163\ 018}{1\ 763\ 018} + 10\ \% \times 2/3 \times \frac{600\ 000}{1\ 763\ 018} \cong \mathbf{13{,}30\ \%.}$$

16 PLAN DE FINANCEMENT

Le plan de financement, ou plus exactement le plan d'investissement et de financement, permet d'apprécier les incidences monétaires des décisions d'investissement et de financement sur un *horizon prévisionnel de trois à cinq ans*. Cet état prévisionnel fait donc ressortir la situation de trésorerie des années à venir dans le cadre du plan de développement de l'entreprise.

Lorsque les banques consentent un concours financier important, elles exigent un plan de financement de la part du client. Lors de la création d'une entreprise, le plan de financement s'avère indispensable pour juger de la viabilité de l'affaire et pour négocier avec les banques.

D'un point de vue légal (prévention des défaillances d'entreprises), ce document est obligatoire pour les entreprises dont le nombre de salariés est ≥ 300 ou dont le chiffre d'affaires est ≥ 120 MF.

Présentation d'un plan de financement

Il s'agit, à quelques variantes près, d'une succession de tableaux de financement prévisionnels (sur 3 à 5 ans). Il n'existe pas de modèle officiel du plan de financement.

Exemple indicatif de plan de financement

ANNÉES	1	2	3	4
EMPLOIS				
• Acquisitions d'immobilisations				
- incorporelles				
- corporelles				
- financières				
• Charges à répartir				
• Distributions de dividendes				
• Remboursement de dettes financières				
• Augmentation du besoin en fonds de roulement				
TOTAL DES EMPLOIS				
RESSOURCES				
• Capacité d'autofinancement				
• Cessions ou réductions d'actifs immobilisés				
• Augmentation de capital & subventions d'équipement				
• Nouvelles dettes financières				
• Diminution du besoin en fonds de roulement				
TOTAL DES RESSOURCES				
ÉCART ANNUEL (RESSOURCES - EMPLOIS)				
TRÉSORERIE INITIALE				
TRÉSORERIE FINALE				

Application : Plan de financement de la S.A. AMOR pour les années N+1 à N+4.

La société prévoit de gros investissements en N+1 et N+2 financés majoritairement par une augmentation de capital en numéraire. Les chiffres du plan sont en milliers de francs.

ANNÉES	N+1	N+2	N+3	N+4
EMPLOIS				
• Acquisitions d'immobilisations				
- incorporelles	3 000			
- corporelles	80 000	50 000	10 000	30 000
- financières	35 000	12 000		4 000
• Distributions de dividendes	15 000	28 000	34 000	42 000
• Remboursement de dettes financières	20 000	22 000	27 000	33 000
• Augmentation du besoin en fonds de roulement	28 000	36 000	38 000	37 000
TOTAL DES EMPLOIS	**181 000**	**148 000**	**109 000**	**146 000**
RESSOURCES				
• Capacité d'autofinancement	60 000	85 000	125 000	130 000
• Cessions ou réductions d'actifs immobilisés		18 500	26 000	
• Augmentation de capital	80 000			
• Nouvelles dettes financières	40 000	20 000		
TOTAL DES RESSOURCES	**180 000**	**123 500**	**151 000**	**130 000**
ÉCART ANNUEL (RESSOURCES - EMPLOIS)	*(1 000)*	*(24 500)*	*42 000*	*(16 000)*
TRÉSORERIE INITIALE	*100*	*(900)*	*(25 400)*	*16 600*
TRÉSORERIE FINALE	***(900)***	***(25 400)***	***16 600***	***600***

Commentaires sur le plan de financement S.A. AMOR :

La société a un passage difficile en N+2 et, par contre, une trésorerie à l'aise en N+3. En N+2, il lui faudra mobiliser des financements à court terme (concours bancaires courants). En N+3, elle peut envisager le placement temporaire des liquidités excédentaires en SICAV (ou FCP) monétaires ou sur des comptes à terme.

• **Processus itératif lié à l'établissement du plan de financement** : le plan de financement est un document pluriannuel qui résulte d'arbitrages au niveau des ressources disponibles et des emplois projetés.

Son élaboration comporte en général deux étapes :

1re étape : recensement des emplois et des ressources prévisionnels ;

2e étape : recherche itérative (par *approximations successives*) d'un équilibre emplois-ressources, année par année, en dégageant des ressources complémentaires ou en révisant les programmes d'investissement.

17 OPTIONS SUR ACTIONS, INVESTISSEMENT ET FINANCEMENT

1. GÉNÉRALITÉS SUR LES OPTIONS

L'achat d'une option d'achat (ou *call*) donne le droit (et non l'obligation) d'acquérir une action à un prix prédéterminé (prix d'exercice), à une date donnée (ou pendant une période donnée), moyennant le versement d'une prime (ou *premium*) au vendeur du *call*.

L'achat d'une option de vente (ou *put*) donne le droit de vendre une action à un prix prédéterminé, à une date (ou pendant une période) donnée, moyennant le versement d'une prime au vendeur du *put*.

Si l'option est de type *européen*, l'acquéreur du *call* ou du *put* ne peut exercer son droit qu'à l'échéance ; en revanche, si l'option est de type *américain*, il est possible de l'exercer à tout moment entre la date d'achat et la date d'échéance.

L'achat d'une option d'achat permet de spéculer à la hausse de l'actif sous-jacent (ou de se protéger de cette hausse), l'achat d'une option de vente de spéculer à la baisse (ou de se protéger de cette baisse). Les gains sont en rapport avec l'ampleur des fluctuations de cours. Inversement, les vendeurs d'options sont gagnants si les fluctuations sont faibles.

• *Relation de parité entre option d'achat et option de vente européennes* : cette relation part de la constatation qu'une option d'achat équivaut à détenir une action, une option de vente et à s'endetter pour la valeur actuelle du prix d'exercice.

$$C - P = S - \frac{X}{1 + R_F}$$

L'écart entre la valeur d'une option d'achat (C) et celle d'une option de vente (P) est égal à la différence entre le cours de l'action (S) et la valeur actuelle au taux d'intérêt sans risque (R_F, taux de période entre date d'achat et date d'échéance de l'option) du prix d'exercice (X).

D'une manière générale, les options permettent le transfert de risque entre investisseurs (i.e. entre agents cherchant à se couvrir contre le risque, ou *hedgers*, et spéculateurs).

2. ÉVALUATION DES OPTIONS

On peut distinguer six facteurs déterminants de la valeur d'une option :

• **le cours de l'action sous-jacente** : le prix d'une option d'achat (de vente) est une fonction croissante (décroissante) du cours de l'action ;

• **le prix d'exercice** : une option d'achat (de vente) a d'autant plus de valeur que le prix d'exercice est faible (fort) ;

• **la durée de vie** : la valeur d'une option est d'autant plus importante que la date d'échéance est éloignée (→ impact de la valeur temps ou valeur spéculative) ;

• **le taux d'intérêt sans risque** : le *premium* d'une option d'achat varie dans le même sens que le taux d'intérêt sans risque (→ décaissement différé jusqu'à la date d'exercice du *call*), tandis que le *premium* d'une option de vente varie en sens inverse du taux d'intérêt sans risque (→ encaissement différé jusqu'à la date d'exercice du *put*) ;

• **la volatilité de l'action sous-jacente** : le *premium* d'une option sera d'autant plus élevé que la volatilité de l'action sous-jacente est importante (→ probabilité plus forte que le cours de l'action soit supérieur ou inférieur au prix d'exercice) ;

• **la distribution de dividendes** : cette distribution entraîne une baisse du cours de l'action et corrélativement une baisse (hausse) de la valeur de l'option d'achat (de vente).

Le modèle de BLACK et SCHOLES : La relation qu'ils ont établie (1973), s'écrit :

$$C = SN(d_1) - Xe^{-r_F t} N(d_2)$$

avec : $d_1 = \dfrac{[\ln(\frac{S}{X}) + (r_F + \frac{1}{2}\sigma^2)\,t]}{\sqrt{\sigma^2 t}}$;

$d_2 = d_1 - \sigma\sqrt{t}$;

et : C = valeur de l'option d'achat ;
S = cours de l'action sous-jacente ;
X = prix d'exercice.

t = temps devant s'écouler jusqu'à l'échéance exprimé en fraction d'année ;
r_F = taux d'intérêt sans risque continu et annualisé ;
σ = écart-type des taux de rentabilité de l'action (volatilité) ;
N(d) = probabilité pour qu'une variable aléatoire normale centrée-réduite soit $\leq$ d.

Ce modèle s'applique aux options européennes et suppose qu'il n'y a pas de distribution de dividendes. En pratique, il permet cependant d'effectuer une estimation très satisfaisante des valeurs des options.

N.B. : Pour déterminer la valeur d'une option de vente, connaissant la valeur de l'option d'achat, il suffit d'utiliser la relation de parité.

Exemple : Compte tenu des informations ci-dessous, calculer le prix d'un « call » en appliquant la formule de BLACK-SCHOLES.

Cours de l'action sous-jacente (S) = 420
Prix d'exercice (X) = 405
Maturité en jours = 85
Volatilité en % = 12 %
Taux d'intérêt annuel = 6 %

En déduire le prix du « put » correspondant.

Nombre de jours en fraction d'année : t = 85/365.
Taux d'intérêt continu : $r_F = \ln(1{,}06) = 5{,}827\ \%$.

Évaluation de d_1 et d_2 :

$$d_1 = \frac{[\ln(\frac{420}{405}) + (0{,}05827 + \frac{1}{2} \times 0{,}12^2)\ \frac{85}{365}]}{0{,}12\sqrt{\frac{85}{365}}} = \frac{0{,}05161408\ 24}{0{,}05790876\ 14} = 0{,}8913.$$

Après lecture de la table de la loi normale, on en déduit que $N(d_1)$ est égal à 81,36 %.

$$d_2 = 0{,}8913 - 0{,}12\sqrt{\frac{85}{365}} = 0{,}8334 \text{ et } N(d_2) \text{ est égal à } 79{,}76\ \%.$$

D'où valeur de l'option d'achat $C = SN(d_1) - X\,e^{-r_F t}\,N(d_2)$.

$C = (420 \times 0{,}8136) - 405(e^{-0{,}05827 \times 85/365}) \times 0{,}7976 =$ **23,04 F.**

La valeur de l'option de vente P s'obtient à partir de la relation de parité :

$$P = C - S + \frac{X}{1 + R_F}$$ *soit avec une actualisation continue :*

$$P = C - S + Xe^{-r_F t} = 23{,}04 - 420 + 405 \times e^{-0{,}05827 \times 85/365} = \mathbf{2{,}58\ F.}$$

3. ANALYSE DE LA STRUCTURE FINANCIÈRE À L'AIDE DE LA THÉORIE DES OPTIONS

Dans l'optique de la théorie des options, les capitaux propres représentent une *option d'achat sur l'actif économique*, achetée par les actionnaires aux créanciers financiers de la société. Le prix d'exercice de l'option est constitué par la valeur de remboursement de la dette.

En cas de faillite, les actionnaires abandonnent leur option d'achat sur l'actif économique ; les créanciers financiers se remboursant partiellement en liquidant cet actif économique.

• En utilisant la relation de parité entre une option d'achat et une option de vente, il est possible de considérer que la valeur des fonds propres d'une firme est égale à la valeur de l'actif économique, diminuée de la valeur du remboursement de la dette à effectuer et augmentée de la valeur d'une option de vente sur l'actif économique. Cette option de vente représente pour les actionnaires la possibilité de vendre l'actif économique au prix correspondant à la valeur de remboursement de la dette, et de limiter ainsi leur responsabilité.

Dans cette optique, la valeur de marché d'une dette financière est égale à la valeur actuelle au taux d'intérêt sans risque des remboursements à assurer aux créanciers financiers (charges d'intérêts incluses), moins la valeur de l'option de vente offerte aux actionnaires et représentant la valeur de la responsabilité limitée.

4. APPLICATION DE LA THÉORIE DES OPTIONS AUX DÉCISIONS D'INVESTISSEMENT

La théorie des options permet de valoriser la **flexibilité,** ainsi que les **opportunités de croissance** offertes par certains investissements.

Evaluation des opportunités de croissance future : certains investissements ne peuvent être évalués à partir des seuls flux de liquidités qu'ils sécrètent, il faut également tenir compte des opportunités de croissance qu'ils peuvent procurer. C'est le cas des investissements en recherche et développement (R & D) dont les flux de liquidités sont négatifs, mais qui génèrent des opportunités de croissance associées aux futurs investissements qu'ils contribuent à créer.

On peut analyser ce type d'investissement par *analogie* avec une option d'achat sur action dont les caractéristiques seraient les suivantes :

– *premium* : valeur de l'opportunité de croissance liée à l'investissement initial ;

– prix d'exercice : coût de l'investissement futur ;

– actif sous-jacent : valeur actuelle des flux de liquidités de l'investissement futur ;

– date d'échéance : date d'extinction de la possibilité d'investissement.

Exemple : Une firme met à l'étude un projet en R & D dont le coût est estimé à 50 MF. En cas de réussite, elle réaliserait un investissement de 100 MF, dont la valeur actuelle espérée à la date de réalisation du projet est évaluée à 300 MF. Une simulation a permis d'estimer à 40 % l'écart-type caractérisant l'incertitude sur cette valeur actuelle. Pour des raisons d'avantage concurrentiel, ce projet doit être réalisé au plus tard dans deux ans. Le taux d'intérêt sans risque est de 6 %.

Indépendamment de l'opportunité de croissance qu'il procure, le projet d'investissement en R & D a une VAN négative correspondant à son coût.

En supposant que le modèle de BLACK et SCHOLES s'applique, on peut évaluer la valeur de l'opportunité de croissance liée à l'investissement futur, grâce à la relation :

$$\mathbf{C = SN(d_1) - Xe^{-r_F t} N(d_2).}$$

Dans le cas d'espèce :

– X (prix d'exercice) : correspond au montant de l'investissement futur qui sera éventuellement réalisé dans un délai de deux ans, soit 100 MF ;

– S représente la valeur actuelle des cash-flows sécrétés par l'investissement de croissance, soit 300 MF qu'il convient d'actualiser compte tenu du décalage de deux années :

$$S = \frac{300}{(1{,}06)^2} = 267 \text{ MF} ;$$

– Le taux d'intérêt sans risque annuel est de 6 %, ce qui correspond à un taux continu de ln(1,06) = 5,827 % ;

— Le temps t qui doit s'écouler avant la date d'expiration de la possibilité d'investissement est de 2 ans.

$$\text{D'où : } d_1 = \frac{[ln(\frac{267}{100}) + (0{,}05827 + \frac{1}{2} \times 0{,}4^2)2]}{0{,}4\sqrt{2}} = \frac{1{,}25861847\ 2}{0{,}56568542\ 49} = 2{,}225.$$

et par suite (lecture de la table de la loi normale centrée réduite) :

$N(d_1) = 98{,}695\ \%$;

$d_2 = 2{,}225 - 0{,}4 \times 2 = 1{,}425$ *et* $N(d_2) = 92{,}29\ \%$;

d'où évaluation de $C = (267 \times 0{,}98695) - 100(e^{-0{,}05827 \times 2}) \times 0{,}9229 \cong$ ***181 MF*** *(valeur de l'opportunité de croissance que recèle l'investissement en R & D).*

En conséquence, la valeur du projet d'investissement en R & D n'est pas en fait de - 50 MF, mais de 181 - 50 = ***131 MF****. Ce projet s'avère donc potentiellement très rentable.*

Évaluation de certains types de flexibilité : parmi les types de flexibilité souvent évoqués en matière d'investissement, figure la possibilité de revendre facilement les actifs en cas d'évolution défavorable de l'activité ; l'investissement possède alors une **valeur d'abandon** à l'origine de cette flexibilité. Cette possibilité de revente peut être analysée comme une option de vente dont la valeur se déduit de l'utilisation du modèle de BLACK et SCHOLES et de la relation de parité (→ exercice de l'option si la valeur actuelle des flux futurs devient inférieure à la valeur d'abandon).

Par suite, la valeur de l'investissement s'en trouve accrue :

Valeur de l'investissement = VAN du projet + Valeur de l'option de vente

Il est possible d'identifier d'autres types de flexibilité s'analysant également comme des options particulières :

- possibilité d'affecter un matériel à un autre type de fabrication en cas d'échec commercial du produit fabriqué ;
- possibilité de changement de la source d'énergie permettant de faire fonctionner un investissement lourd (en cas d'évolution défavorable du prix de l'énergie utilisée)…

18 L'ÉVALUATION DES ENTREPRISES

L'évaluation des entreprises repose sur deux principes de base, le premier fondé sur le patrimoine, le second sur le rendement.

À partir de ces deux principes de base, les méthodes d'évaluation se rattachent à trois grandes catégories :

- **les méthodes patrimoniales** pour lesquelles la valeur d'une entreprise est la somme des valeurs des actifs la composant, indépendamment de la capacité de l'entreprise à créer de la valeur ;
- **les méthodes actuarielles et boursières** pour lesquelles l'entreprise constitue un investissement particulier et qui s'appuient sur l'actualisation des flux dégagés par l'entreprise ;
- **les méthodes hybrides** alliant les deux approches précédentes, et fondées sur le goodwill ou survaleur.

1. LES MÉTHODES D'ÉVALUATION PATRIMONIALES

L'entreprise est évaluée à partir de ce qu'elle possède ou de ce qui est nécessaire à son exploitation.

Il convient de distinguer deux optiques :

1. **l'optique du vendeur** : selon laquelle l'évaluation est à replacer dans le cadre d'une cessation d'activité (plus ou moins programmée) ;
2. **l'optique de l'acheteur** : selon laquelle l'entreprise représente un coût de reconstitution des biens nécessaires à la poursuite de son activité.

L'actif net comptable : correspond à la valeur comptable des capitaux propres moins l'actif fictif (élimination des non-valeurs du type frais d'établissement ou charges à répartir sur plusieurs exercices), ou à la différence entre la valeur nette comptable de l'actif réel et la valeur comptable des dettes.

L'actif net comptable corrigé (ou actif net corrigé) : s'évalue en corrigeant l'actif net comptable de façon à se rapprocher de la valeur de réalisation. D'où :
- évaluation des actifs en fonction de leur valeur probable de négociation ;
- prise en compte des économies d'impôts sur actifs fictifs ;
- prise en compte de l'impôt latent sur les subventions d'investissement et les provisions réglementées ;
- les provisions pour risques et charges non justifiées sont considérées comme des réserves occultes et ajoutées aux capitaux propres.

L'actif net comptable corrigé (ANCC) est communément appelé « valeur intrinsèque » ou « valeur mathémathique corrigée », laquelle représente le montant des fonds qu'il serait nécessaire d'investir pour reconstituer le patrimoine de l'entreprise dans son état actuel.

La valeur de liquidation : valeur dégagée dans le cadre d'une liquidation forcée, après prise en compte des frais de liquidation. Par suite :
- les valeurs de réalisation des actifs sont le plus souvent très inférieures à leurs valeurs vénales ;
- le passif s'accroît de la rémunération du liquidateur et des intermédiaires, des indemnités de licenciement et des impôts dus sur les plus-values de cessions d'actifs.

La valeur de liquidation peut correspondre à une « valeur à la casse ».

La valeur substantielle brute : valeur réelle de l'ensemble des moyens de toute nature mis en œuvre par l'entreprise pour satisfaire aux besoins de son exploitation, indépendamment de leur appartenance juridique et de leur mode de financement. Elle se mesure par application des règles suivantes :

– il s'agit d'une valeur brute (i.e. avant déduction du passif exigible), évaluée en fonction des coûts de remplacement et selon une optique de poursuite de l'exploitation ;

– les biens durables loués sont inclus ;

– les biens non nécessaires à l'exploitation sont exclus.

La valeur substantielle brute correspond donc à la valeur de l'outil de travail pour l'acquéreur.

Les capitaux permanents nécessaires à l'exploitation : représentent l'ensemble des biens nécessaires à l'exploitation (immobilisations + BFRE) qui doivent être financés par des capitaux permanents.

Le calcul est similaire à celui permettant d'obtenir la valeur substantielle brute, avec cependant comme différence essentielle la prise en compte du BFRE au lieu de l'actif circulant d'exploitation.

La notion de capitaux permanents nécessaires à l'exploitation est très proche de celle d'actif économique.

2. LES MÉTHODES D'ÉVALUATION ACTUARIELLES ET BOURSIÈRES

Toutes ces méthodes, basées sur le rendement des capitaux investis, peuvent être ramenées à l'actualisation de flux prévisionnels.

L'actualisation des flux de liquidités futurs : constitue une application directe de la méthode de la VAN. L'acquéreur l'utilise pour déterminer le prix d'acquisition maximal qu'il est prêt à payer (dans une démarche similaire, le vendeur peut également y recourir pour déterminer le prix minimal qu'il est disposé à accepter).

D'où :

- évaluation de l'ensemble des incidences de l'acquisition sur les flux d'exploitation, d'investissement et de désinvestissement de l'entreprise acquéreuse ;
- élimination de toute incidence des modes de financement de l'acquisition dans l'évaluation des flux ;
- l'horizon à retenir est fréquemment de cinq ans (→horizon des plans d'investissement et de financement), avec estimation de la valeur résiduelle de l'entreprise rachetée ;
- le taux d'actualisation à retenir est le CMP de l'entreprise acquéreuse si l'acquisition n'entraîne pas de modification dans le risque d'exploitation ou la structure de financement de celle-ci (sinon, il faut utiliser un CMP spécifique).

Le modèle d'actualisation des dividendes de GORDON et SHAPIRO : selon ce modèle qui s'inscrit sur le long terme, le cours de l'action P_0 est égal à la valeur actualisée des dividendes sur un horizon infini et en supposant un taux de croissance constant des dividendes g.

Soit : $$P_0 = \frac{D_1}{t-g}$$

avec : t le taux de rentabilité exigé par les actionnaires ;
D_1 le prochain dividende attendu ;
et : $t > g$ (par hypothèse).

L'évaluation par multiple de capitalisation : permet de déterminer le cours de l'action en multipliant le bénéfice par action (BPA) par le coefficient de capitalisation des bénéfices ou PER (*Price Earning Ratio*).

Soit : P_0 = BPA x PER.

Le PER, indicateur de cherté d'une action, étant fonction des attentes des investisseurs sur le marché financier (→ anticipations de croissance des résultats).

Valeur financière et valeur de rendement :

• **La valeur financière** d'une action représente la capitalisation du dividende moyen (DIV) au taux de rentabilité requis sur capitaux propres t (lequel est fonction du taux sans risque et du risque encouru par la firme).

Soit : $V_f = \dfrac{DIV}{t}$.

• **La valeur de rendement** d'une action représente la capitalisation du résultat net (comptable ou courant) au taux requis sur capitaux propres.

Soit : $V_r = \dfrac{BPA}{t}$.

C'est une variante de la valeur financière dans laquelle on tient compte des bénéfices non distribués.

Notion de potentiel de croissance : le cours boursier d'une action ne peut être durablement supérieur à sa valeur de rendement que si l'entreprise est à même de dégager une rentabilité économique plus élevée que le coût moyen pondéré du capital (CMP), c'est-à-dire si elle crée de la valeur.

3. LES MÉTHODES HYBRIDES FONDÉES SUR LE *GOODWILL*

Le *goodwill* est l'excédent de valeur globale d'une entreprise par rapport à sa valeur patrimoniale *stricto sensu*. Il représente la survaleur accordée à une entreprise en fonction d'éléments qui ne figurent pas directement à son bilan.

En effet, les méthodes patrimoniales ne prennent pas en compte la valeur des actifs incorporels et humains (clientèle, savoir-faire, compétence...) qui ne se prêtent pas à une évaluation spécifique fragmentaire (actifs non négociables séparément), mais qui sont souvent à l'origine de l'avantage concurrentiel d'une entreprise et de son aptitude à créer de la valeur.

Le *goodwill* se calcule par différence entre une valeur de type actuariel et une valeur de type patrimonial.

Une première approche permettant d'intégrer implicitement (d'une manière empirique et très approximative) le *goodwill* est la méthode d'évaluation dite « **méthode des praticiens** ».

Dans cette méthode, la valeur de l'entreprise est égale à la moyenne arithmétique simple de sa valeur patrimoniale (actif net comptable corrigé, ANCC) et de sa valeur de rendement (VR = Résultat net / Taux requis sur capitaux propres) :

$$\text{Valeur de l'entreprise} = \frac{ANCC + VR}{2}.$$

Plusieurs **méthodes plus élaborées de calcul du *goodwill*** ont été proposées, chacune reposant sur la notion de super-profit (ou rente du *goodwill*) qui correspond au profit excédentaire après rémunération des capitaux engagés.

Le *goodwill* s'obtient par actualisation de ce super-profit.

Selon la méthode de la rente abrégée du *goodwill* (méthode la plus fréquemment utilisée), la valeur des fonds propres (V_K) se calcule en ajoutant le *goodwill* à l'actif net comptable corrigé :

$$V_K = ANCC + (BNC - t \times ANCC) \left[\frac{1-(1+t)^{-n}}{t}\right].$$

– Le super-profit (BNC - t × ANCC) est égal à la différence entre le bénéfice net courant prévisionnel et la rémunération au taux requis sur capitaux propres de l'ANCC qui représente les capitaux investis par les actionnaires ;

– le taux d'actualisation du super-profit est également le taux t requis sur capitaux propres, avec actualisation de la rente sur n années (hypothèse de perception du super-profit pendant n années).

*N.B. : Les professionnels utilisent couramment **deux taux distincts** pour le calcul du goodwill. A savoir :*

- le taux d'intérêt sans risque (généralement le taux des obligations d'État) pour la rémunération de l'ANCC ;

- le taux sans risque majoré d'une prime de risque (une majoration de 50 % correspondant à un risque moyen) pour l'actualisation du super-profit.

Le *goodwill* n'existe que s'il y a *création de valeur*, c'est-à-dire si l'entreprise réalise des investissements rentables permettant au taux obtenu sur capitaux propres de dépasser le taux requis t.

Exemple : L' actif net comptable corrigé de la société TRELOD est estimé à 600 MF. Le bénéfice net attendu est de 120 MF et le taux requis sur capitaux propres de 15 %.

Evaluez le goodwill et la valeur des capitaux propres de la société en supposant que le super-profit est réalisé pendant dix ans.

Le super-profit est de : 120 - 15 % × 600 = 30 MF.

Par suite, le goodwill (GW) est égal à : $30 \times \frac{1-(1,15)^{-10}}{0,15} \cong 150,6$ *MF ;*

et la valeur des capitaux propres (V_K) s'élève à :

$V_K = ANCC + GW = 600 + 150,6 =$ ***750,6 MF.***

*N.B. : Existence d'un goodwill du fait d'une rentabilité des capitaux propres (ici 120 / 600 = **20 %**) supérieure à la rentabilité requise par les actionnaires (**15 %**) → processus de création de valeur.*

ANNEXE

L'Ordre des Experts Comptables vient de sortir une nouvelle version de son tableau des flux de trésorerie (recommandation 1998). A partir du résultat net, ce tableau se présente ainsi :

Flux de trésorerie liés à l'activité RÉSULTAT NET Élimination des charges et produits sans incidence sur la trésorerie ou non liés à l'activité : • amortissements et provisions (1) • plus-values de cessions nettes d'impôts • transfert de charges au compte de charges à répartir • quote-part des subventions d'investissements virées au résultat	
Marge brute d'autofinancement • Moins : variation du besoin en fonds de roulement lié à l'activité : stocks créances d'exploitation dettes d'exploitation autres créances liées à l'activité autres dettes liées à l'activité	
Flux net de trésorerie généré par l'activité	
Flux de trésorerie liés aux opérations d'investissement Acquisitions d'immobilisations Cessions d'immobilisations nettes d'impôts Réduction d'immobilisations financières Variation des créances et dettes sur immobilisations	
Flux net de trésorerie lié aux opérations d'investissement	
Flux de trésorerie liés aux opérations de financement Dividendes versés Incidence des variations de capital Emissions d'emprunts Remboursements d'emprunts Subventions d'investissements reçues	
Flux net de trésorerie lié aux opérations de financement	
Variation de trésorerie	
Trésorerie d'ouverture	
Trésorerie de clôture	
(1) A l'exclusion des provisions sur actif circulant.	

COMMENTAIRES CONCERNANT CE NOUVEAU TABLEAU DES FLUX DE TRÉSORERIE DE L'OEC

- L'utilisation du terme "activité" pour la première catégorie de flux de trésorerie est plus conforme à la réalité que l'utilisation antérieure du terme "exploitation" qui pouvait prêter à confusion.
- Le calcul à partir du résultat net met en évidence la marge brute d'autofinancement qui, à la différence de la capacité d'autofinancement, ne considère pas les provisions pour dépréciation de l'actif circulant comme de l'autofinancement.
- L'Ordre propose une autre méthode de calcul partant du résultat d'exploitation et faisant apparaître le flux net de trésorerie d'exploitation : il s'agit également d'une méthode indirecte, vérificative et non explicative de la formation du flux net de trésorerie généré par l'activité.
- Contrairement aux frais d'établissement, les charges à répartir sont traitées explicitement comme des charges liées à l'activité (non-valeurs).
- Dans sa recommandation de 1998, l'Ordre introduit une nouveauté concernant les plus-values sur cessions d'immobilisations pour lesquelles il conviendrait d'imputer les impôts correspondants. Ceci est cohérent dans une optique de décomposition des flux entre "activité", "investissement" et "financement".
- En ce qui concerne la trésorerie de passif, l'Ordre ne retient plus que les seuls découverts bancaires à caractère temporaire. Les effets escomptés non-échus ne sont plus réintégrés (car hors bilan) et les autres concours bancaires courants sont reclassés en opérations de financement.

Le lecteur trouvera ci-contre le nouveau tableau de flux de trésorerie de l'Ordre des Experts Comptables appliqué au cas LARCALOD (Thème 6, page 58).

SA Garage LARCALOD (exercice N)

Tableau des flux de trésorerie de l'Ordre des Experts Comptables (1998) *à partir du résultat net*

Flux de trésorerie liés à l'activité	
RÉSULTAT NET	54 212
Élimination des charges et produits sans incidence sur la trésorerie ou non liés à l'activité :	
• amortissements et provisions [1]	+ 48 223
• plus-values de cessions nettes d'impôts	
• transfert de charges au compte de charges à répartir	
• quote-part des subventions d'investissements virées au résultat	
Marge brute d'autofinancement	102 435
• Moins : variation du besoin en fonds de roulement lié à l'activité :	
stocks	+ 8 920
créances d'exploitation	- 12 998
dettes d'exploitation	+ 204 034
autres créances liées à l'activité	
autres dettes liées à l'activité	+ 10 923
Flux net de trésorerie généré par l'activité	313 314
Flux de trésorerie liés aux opérations d'investissement	
Acquisitions d'immobilisations	- 139 970
Cessions d'immobilisations nettes d'impôts	
Réduction d'immobilisations financières	
Variation des créances et dettes sur immobilisations	- 29 650
Flux net de trésorerie lié aux opérations d'investissement	- 169 620
Flux de trésorerie liés aux opérations de financement	
Dividendes versés	
Incidence des variations de capital	
Emissions d'emprunts	+ 148 370
Remboursements d'emprunts	- 161 049
Subventions d'investissements reçues	
Flux net de trésorerie lié aux opérations de financement	- 12 679
Variation de trésorerie	
Trésorerie d'ouverture	470 922
Trésorerie de clôture	601 937
(1) A l'exclusion des provisions sur actif circulant.	

INDEX

– A –

– B –

– C –

– D –

– E –

– F –

– G –

– H –

– I –

– J –

– L –

– M –

– N –

– O –

– P –

— R —

— S —

— T —

– V –

LOUIS-JEAN
avenue d'Embrun, 05003 GAP cedex
Tél. : 04.92.53.17.00
Dépôt légal : 1120 — Décembre 1998
Imprimé en France